Die Erfindung der Ehe

entschieden, gemeinsam und vertraut

Eine Betrachtung

von

Lutz Spilker

DIE ERFINDUNG DER EHE – ENTSCHIEDEN, GEMEINSAM UND VERTRAUT

Bibliografische Information der Deutschen Nationalbibliothek:
Die Deutsche Nationalbibliothek verzeichnet diese Publikation in der Deutschen Nationalbiblio-
grafie; detaillierte bibliografische Daten sind im Internet über http://dnb.dnb.de abrufbar.

Softcover ISBN: 978-3-384-38065-4
Ebook ISBN: 978-3-384-38066-1

© 2024 by Lutz Spilker
https://www.webbstar.de
Druck und Distribution im Auftrag des Autors:
tredition GmbH, An der Strusbek 10, 22926 Ahrensburg, Germany

Die im Buch verwendeten Grafiken entsprechen den
Nutzungsbestimmungen der Creative-Commons-Lizenzen (CC).

Inhalt

Ich bin zufrieden, wenn meine nächste Ehe die Haltbarkeit von Joghurt überdauert.

Elizabeth Taylor

Dame Elizabeth Rosemond Taylor, DBE (oft auch ›Liz‹ Taylor genannt; geboren am 27. Februar 1932 in Hampstead, London; gestorben am 23. März 2011 in Los Angeles, Kalifornien), war eine US-amerikanisch-britische Schauspielerin. Sie erlangte Starruhm bereits als Kinderdarstellerin und später als Leading Lady des marktführenden Hollywood-Studios Metro-Goldwyn-Mayer (MGM), bei dem sie von 1942 bis 1958 unter Vertrag war. Taylor wirkte in zahlreichen kommerziell erfolgreichen Filmen mit und wurde unter anderem mit zwei Oscars und einem Golden Globe als beste Hauptdarstellerin ausgezeichnet. Durch ihre Auftritte in den Filmen ›Die Katze auf dem heißen Blechdach‹, ›Plötzlich im letzten Sommer‹ und ›Brandung‹ ist ihr Name mit der Popularisierung des dramatischen Werkes von Tennessee Williams verknüpft. Ihre Prominenz hat Elizabeth Taylor wiederholt dafür genutzt, auf politische und gesellschaftliche Probleme aufmerksam zu machen; die größte Resonanz erzielte sie diesbezüglich mit ihren Fundraising-Aktivitäten für die AIDS-Aufklärung. Im Jahr 1999 wurde sie von der britischen Königin, Elisabeth II., in den Adelsstand erhoben. Taylor war eine der bestverdienenden Darstellerinnen ihrer Zeit; ihr Vermögen wurde zeitweilig auf 600 Millionen US-Dollar geschätzt.

Vorwort

Liebe Leserinnen und Leser,

Seit Anbeginn der Menschheit haben sich Menschen in Gemeinschaften zusammengefunden, zunächst aus Instinkt, später aus Notwendigkeit, und im Laufe der Jahrtausende auch aus Liebe und Zuneigung. Doch die Institution der Ehe, wie wir sie heute kennen, ist eine vergleichsweise junge Erfindung. Sie ist kein fester Bestandteil des menschlichen Daseins seit seinen Ursprüngen, sondern das Ergebnis eines langen kulturellen, religiösen und gesellschaftlichen Entwicklungsprozesses. Es ist eine Erfindung, die sich in verschiedenen Zivilisationen und Epochen unterschiedlich manifestiert hat, die sich weiterentwickelt und verändert, oft ohne dass ihre Entstehung oder ihr tieferer Sinn vollständig verstanden wurde.

In diesem Buch wird die Ehe nicht einfach als historisches Phänomen behandelt. Es geht nicht nur um Daten, Gesetze und Traditionen, sondern um eine tiefere Reflexion über die Motive und Bedürfnisse, die hinter der Entscheidung zur Ehe stehen. Warum heiraten Menschen überhaupt? Ist die Ehe tatsächlich der natürliche Ausdruck menschlicher Verbundenheit, oder handelt es sich dabei um ein gesellschaftliches Konstrukt, das über die Jahrtausende aufgeladen und mit Bedeutungen versehen wurde, die weit über das hinausgehen, was die Natur für den Menschen vorgesehen hatte?

Das erste Missverständnis, dem sich dieses Buch widmet, ist die Annahme, dass die Ehe immer existierte. Wenn wir in die frühen Menschheitsgeschichte zurückblicken, erkennen wir, dass die institutionalisierte Ehe lange Zeit nicht existierte. Es gab Partnerschaften, ja, aber sie waren flexibel, temporär und vor allem nicht an die formalen oder rechtlichen Bedingungen gebunden, wie wir sie heute kennen. Die ursprüngliche Partnerschaft war instinktiv und funktional: Sie diente dem Schutz, der Fortpflanzung und der Sicherung des Überlebens. Die Idee, diese Partnerschaft in einem rituellen Akt zu formalisieren und gesellschaftliche oder religiöse Bedeutung hinzuzufügen, kam erst viel später.

Im Laufe der Zeit entwickelten verschiedene Kulturen ihre eigenen Formen der Ehe. Einige sahen in ihr eine wirtschaftliche Vereinbarung, andere ein religiöses Sakrament. Mit der Zunahme von sozialen und ökonomischen Strukturen wurde die Ehe zu einer wichtigen Institution, um Eigentum zu sichern, Erben zu legitimieren und Allianzen zu schaffen. In dieser Phase wurde die Ehe immer weniger eine persönliche Angelegenheit und immer mehr ein gesellschaftliches und wirtschaftliches Instrument. Man könnte sagen, dass der natürliche Instinkt zur Partnerschaft durch die Erfindung der Ehe in eine gesellschaftliche Pflicht transformiert wurde.

Eine der wesentlichen Fragen, die sich bei der Betrachtung der Ehe stellt, ist diejenige nach ihrer Notwendigkeit. Der Mensch hat sich als soziales Wesen entwickelt, das Beziehungen eingeht, Bindungen schafft und Gemeinschaften bildet. Doch war die Institution der Ehe jemals notwendig, um diese Verbindungen aufrechtzuerhalten? Wenn wir in die Tierwelt blicken, sehen wir unzählige Arten, die lebenslange Partnerschaften eingehen – ohne formale Bindungen oder gesellschaftlichen Druck. Es gibt Arten, die sich paaren und dann getrennte Wege gehen, und solche, die über den Tod hinaus treu bleiben. Was unterscheidet den Menschen in diesem Kontext? Warum wurde die Partnerschaft zwischen zwei Menschen mit einem institutionellen Rahmen versehen?

Eine Hypothese ist, dass die Ehe ein Produkt menschlicher Unsicherheiten ist. Sie wird oft als eine Institution der Sicherheit betrachtet, ein Schutzschild gegen die Ängste und Unsicherheiten des Lebens. Viele Menschen heiraten nicht nur aus Liebe, sondern auch aus einem tiefen Bedürfnis nach Stabilität und Beständigkeit. Doch diese Erwartung führt zu einem Missverständnis der Ehe. Die Ehe ist keine Garantie für Stabilität, sondern ein Versprechen, das in einem sozialen und rechtlichen Rahmen gegeben wird. Dieses Versprechen kann gehalten werden – oder auch nicht.

Hier stellt sich eine provokante Frage: Wie viele Ehen entstehen tatsächlich aus der Angst vor Verlust? Wie oft wird die Ehe als Prävention gegen Unsicherheit und Trennung missbraucht? Es ist eine rhetorische Frage, aber sie verweist auf ein tieferes Problem. Wenn die Ehe nicht mehr aus einem natürlichen Bedürfnis nach Nähe und Liebe entsteht, sondern als Schutzmechanismus gegen die Unwägbarkeiten des Lebens verstanden wird, hat sie ihren eigentlichen Sinn verloren. Viele Partnerschaften, die aus dieser Angst geboren werden, enden oft in Frustration und Enttäuschung, weil die Ehe die Unsicherheiten des Lebens nicht auflösen kann. Sie ist kein magischer Vertrag, der die Herausforderungen des Alltags beseitigt.

Es ist ebenfalls wichtig, die Scheidung zu erwähnen, auch wenn sie in diesem Buch nicht im Mittelpunkt steht. Die Scheidung ist der Gegenpol zur Ehe – wie Tag und Nacht, zwei Seiten derselben Medaille. Sie zeigt, dass die Ehe nicht unfehlbar ist, dass sie ihre Grenzen hat und dass sie scheitern kann. Die Existenz der Scheidung offenbart die Fragilität der menschlichen Bindung und verdeutlicht, dass die Ehe nicht das Ende, sondern nur ein Teil der Reise ist.

Ein weiterer Punkt, den dieses Buch beleuchtet, ist der Wandel der Ehe im Laufe der Jahrhunderte. Die Ehe war nicht immer das, was sie heute ist. Im Mittelalter war sie oft eine wirtschaftliche Vereinbarung, im 19. Jahrhundert wurde sie in vielen Gesellschaften romantisiert, und im 20. Jahrhundert begannen Menschen, die Ehe zu hinterfragen und alternative Formen der Partnerschaft zu suchen. Der Wandel der Ehe zeigt, dass sie kein starres Konstrukt ist, sondern sich im Laufe der Zeit an die Bedürfnisse und Werte der Gesellschaft angepasst hat – und das wird auch in Zukunft so bleiben.

Vielleicht ist es an der Zeit, die Ehe neu zu denken. Muss sie unbedingt an formale, religiöse oder rechtliche Strukturen gebunden sein? Können Partnerschaften nicht auch ohne diese institutionellen Rahmenbedingungen Bestand haben? Diese Fragen sollen in diesem Buch nicht endgültig beantwortet, aber sie sollen gestellt werden. Denn nur durch das Hinterfragen und Reflektieren unserer Traditionen und Institutionen können wir ihre wahre Bedeutung verstehen.

›Die Erfindung der Ehe‹ ist daher nicht nur eine historische Reise, sondern auch eine philosophische Reflexion über die menschliche Natur, die Notwendigkeit sozialer Konstrukte und die vielen Formen der Partnerschaft, die es gibt. Es ist ein Buch, das die Leser einlädt, über die tiefen Motivationen nachzudenken, die uns dazu bringen, uns zu binden – sei es aus Liebe, aus Angst oder aus dem Bedürfnis nach Sicherheit.

Vielleicht ist die Ehe, wie wir sie kennen, nicht das Endergebnis, sondern nur eine Etappe in der langen Reise der menschlichen Bindung.

Mit herzlichen Grüßen,

Lutz Spilker

Die frühesten Bindungen

Paarbildung in der Urgeschichte

Lange bevor die Ehe als gesellschaftliche Institution entstanden
war, lebten Menschen in kleinen, nomadischen Gemeinschaften, die stark von den natürlichen Gegebenheiten und dem
Überlebensinstinkt geprägt waren. In diesen frühesten Zeiten
des menschlichen Daseins spielte die Paarbildung eine fundamentale Rolle, jedoch in einer Weise, die sich stark von den
heutigen Vorstellungen unterscheidet. Partnerschaften in der
Urgeschichte waren zunächst von praktischen Bedürfnissen
geleitet, doch sie legten den Grundstein für die später institutionalisierten Formen der Ehe.

Frühe menschliche Gemeinschaften bestanden aus kleinen
Gruppen von Jägern und Sammlern, die stark auf Kooperation
angewiesen waren. Innerhalb dieser Gruppen bildeten sich lose,
temporäre Partnerschaften, die in erster Linie der Fortpflanzung und der Sicherung der Nachkommenschaft dienten. Doch
im Gegensatz zu vielen Tieren, die nur während der Paarungszeit zusammenkommen, begannen Menschen, längerfristige
Bindungen zu entwickeln. Diese Verbindungen waren nicht nur
auf biologische Bedürfnisse zurückzuführen, sondern auch auf
den Wunsch nach Stabilität und Sicherheit innerhalb der
Gruppe.

Der Mensch war von Anfang an ein soziales Wesen, und das Bedürfnis nach Zusammenarbeit und gegenseitiger Unterstützung prägte die Paarbildungen in den frühen Gemeinschaften. Es war der kollektive Überlebenskampf, der die Menschen dazu brachte, sich zu organisieren und Verantwortung zu teilen. Männer und Frauen fanden sich zusammen, um ihre gemeinsamen Aufgaben zu erfüllen: Nahrung zu beschaffen, die Kinder zu versorgen und die Gruppe zu schützen. Diese frühen Bindungen waren weder durch formelle Rituale noch durch soziale oder religiöse Normen bestimmt, sondern entstanden aus der Notwendigkeit heraus.

Eine zentrale Rolle spielte hierbei die Arbeitsteilung. Männer übernahmen oft die Rolle des Jägers, während Frauen für das Sammeln von Nahrung und die Versorgung der Kinder zuständig waren. Diese Trennung der Aufgaben führte zu einer natürlichen Abhängigkeit der Partner voneinander und schuf eine Form der Zusammenarbeit, die weit über den bloßen Akt der Fortpflanzung hinausging. Die frühesten Bindungen waren von gegenseitigem Vertrauen geprägt, da der Erfolg der Gruppe von der Fähigkeit der Partner abhing, ihre jeweiligen Rollen zu erfüllen. Diese Kooperation legte den Grundstein für die späteren, institutionell verankerten Formen der Ehe.

Doch die Bindungen in der Urgeschichte waren nicht statisch. Sie waren flexibel und oft zeitlich begrenzt. In einer Welt, in der das Überleben ungewiss war, mussten Beziehungen anpassungsfähig sein. Partnerschaften konnten aufgelöst und neu geformt werden, wenn es die Umstände verlangten. Es gab keine dauerhaften Bindungen, die mit den heutigen Vorstellungen von Ehe vergleichbar wären. Stattdessen dominierten pragmatische Überlegungen das Zusammenleben: Solange die Zusammenarbeit funktionierte und das Überleben der Gruppe sicherte, blieben die Partner zusammen. Wenn nicht, suchten sie neue Verbindungen, die besser zu den wechselnden Anforderungen der Umwelt passten.

Diese Flexibilität bedeutete jedoch nicht, dass es keine emotionalen Bindungen gab. Die intensive Zusammenarbeit zwischen Mann und Frau sowie die gemeinsame Verantwortung für die Aufzucht der Kinder schufen eine tiefe Bindung, die sich nicht nur auf den materiellen Austausch von Nahrung und Schutz beschränkte. Emotionen wie Zuneigung, Fürsorge und vielleicht sogar die ersten Formen von Liebe spielten eine Rolle bei der Bildung von Partnerschaften. Es ist wahrscheinlich, dass die Menschen in der Urgeschichte bereits ein grundlegendes Verständnis von Vertrauen und gegenseitiger Unterstützung entwickelten, das sich später in den dauerhaften Strukturen der Ehe manifestierte.

Die Entwicklung der Sesshaftigkeit war ein weiterer entscheidender Wendepunkt für die menschliche Paarbildung. Mit dem Beginn des Ackerbaus und der Viehzucht änderte sich die soziale Struktur der Gemeinschaften. Die Menschen begannen, feste Siedlungen zu gründen und sich dauerhaft an einem Ort niederzulassen. Diese Veränderung brachte auch eine neue Form der Paarbindung mit sich. Partnerschaften wurden stabiler und langfristiger, da die Notwendigkeit, gemeinsam das

Land zu bewirtschaften und den Besitz zu schützen, eine größere Verbindlichkeit erforderte. In dieser Phase entstanden die ersten Ansätze dessen, was später zur Institution der Ehe werden sollte.

Dennoch bleibt die Paarbildung in der Urgeschichte ein Phänomen, das in vielerlei Hinsicht anders war als das heutige Konzept der Ehe. Es gab keine formellen Rituale, keine rechtlichen Verträge und keine religiösen Gebote, die die Partnerschaften bestimmten. Alles basierte auf den unmittelbaren Notwendigkeiten des Überlebens und der Anpassung an eine feindliche Umwelt. Die menschlichen Bindungen waren ursprünglich frei von gesellschaftlichen Konventionen, und doch legten sie den Grundstein für die komplexen und oft widersprüchlichen Strukturen, die in den folgenden Jahrtausenden aus ihnen hervorgingen.

Die Paarbildung in der Urgeschichte zeigt uns, dass die menschliche Verbindung lange vor der Erfindung der Ehe existierte. Sie war eine natürliche, oft instinktive Reaktion auf die Herausforderungen des Lebens. Doch auch ohne formelle Regeln oder gesellschaftlichen Druck entwickelten die frühen Menschen die Fähigkeit, Bindungen einzugehen, die nicht nur funktional, sondern auch emotional geprägt waren. Diese evolutionären Ursprünge der Partnerschaft bildeten die Grundlage für das, was später zu einer der zentralen sozialen Institutionen der menschlichen Zivilisation werden sollte – die Ehe.

Natürliche Instinkte

Partnerschaft im Tierreich und beim Menschen

Bevor der Mensch komplexe soziale Strukturen entwickelte, waren seine Verhaltensweisen stark von den gleichen Instinkten geprägt, die auch das Verhalten vieler Tiere bestimmen. Diese Instinkte, die auf Überleben, Fortpflanzung und den Schutz der Nachkommen ausgerichtet sind, führten zu den ersten Partnerschaften, die sich durch gegenseitige Abhängigkeit und Kooperation auszeichneten. Die Frage, inwieweit diese frühen menschlichen Verbindungen ihren Ursprung im Tierreich haben, ist daher von zentraler Bedeutung, wenn wir die Evolution der menschlichen Paarbildung und später der Ehe verstehen wollen.

Im Tierreich gibt es eine beeindruckende Vielfalt von Paarungsstrategien, die von kurzlebigen, rein auf Fortpflanzung ausgerichteten Begegnungen bis hin zu lebenslangen Bindungen reichen. Bei vielen Arten, insbesondere Säugetieren, folgen die Paarungen einem einfachen biologischen Prinzip: Ein Männchen paart sich mit möglichst vielen Weibchen, um die Chance zu erhöhen, dass seine Gene weitergegeben werden. Weibchen hingegen investieren mehr Energie in die Aufzucht ihrer Jungen und suchen oft nach einem Partner, der nicht nur zur Fortpflanzung fähig ist, sondern auch Schutz und Ressourcen bieten kann. Dieses Verhaltensmuster – die Suche nach einem fähigen, zuverlässigen Partner – lässt sich auch in den frühen menschlichen Gemeinschaften beobachten.

Bei Arten wie Löwen, Gorillas oder Elefanten besteht die Paarbildung in der Regel aus kurzfristigen Verbindungen, die sich um die Fortpflanzung und die anschließende Aufzucht der Nachkommen drehen. Diese Partnerschaften sind funktional, pragmatisch und enden oft, sobald der Nachwuchs selbstständig ist. Doch bei einigen Tierarten wie Wölfen, Schwänen oder Blauwalen beobachten wir dauerhafte Bindungen, die ein Leben lang halten. Diese Bindungen gehen über die reine Reproduktion hinaus und scheinen tiefergehende soziale Funktionen zu erfüllen – etwa die Aufzucht des Nachwuchses und den Schutz vor Feinden. Interessanterweise lassen sich solche dauerhaften Partnerschaften auch bei Menschen finden, die schon in den frühesten Kulturen Bindungen eingingen, die auf mehr als bloßer Fortpflanzung basierten.

Der Mensch, als Teil der Tierwelt, zeigt in seiner frühen Entwicklung ähnliche Paarungsstrategien wie die höheren Säugetiere. In den ersten menschlichen Gemeinschaften war der biologische Instinkt zur Fortpflanzung der Hauptantrieb für die Paarbildung. Doch während die meisten Tiere nach dem Paarungsakt wieder ihre eigenen Wege gehen, entwickelte der Mensch eine bemerkenswerte Fähigkeit zur langfristigen Zusammenarbeit. Frühere menschliche Gemeinschaften waren auf enge soziale Bindungen angewiesen, um zu überleben. Nahrung musste beschafft, Feinde abgewehrt und der Nachwuchs großgezogen werden. Diese Aufgaben erforderten eine

Partnerschaft, die nicht nur kurzfristig funktionierte, sondern auch langfristig Bestand hatte.

Eine Theorie zur Erklärung dieser dauerhaften menschlichen Partnerschaften ist die bi-parentale Fürsorge, die besagt, dass menschliche Kinder im Vergleich zu vielen anderen Tierarten besonders lange Zeit abhängig von ihren Eltern sind. Während viele Tiere ihre Jungen nach kurzer Zeit verlassen, weil diese relativ schnell selbstständig werden, benötigen menschliche Kinder jahrelange Fürsorge. In dieser langen Phase der Abhängigkeit war die Zusammenarbeit zwischen Mann und Frau von entscheidender Bedeutung. Die Mutter allein konnte nicht für den Schutz und die Versorgung der Kinder sorgen, und so wurde der Vater zu einem notwendigen Teil des Überlebenskonzepts. Diese Notwendigkeit führte zu stabileren Partnerschaften, die über den bloßen Akt der Fortpflanzung hinausgingen.

Es ist jedoch wichtig, anzumerken, dass diese frühen menschlichen Bindungen nicht die Verbindlichkeit einer modernen Ehe besaßen. Sie waren flexibel, anpassungsfähig und orientierten sich an den unmittelbaren Bedürfnissen der Gemeinschaft. Partnerschaften konnten aufgelöst und neu geformt werden, wenn es das Überleben erforderte. In gewisser Weise ähnelten diese Bindungen den Beziehungen, die wir bei Tieren beobachten – temporär, pragmatisch und stark von den äußeren Umständen abhängig. Doch was den Menschen von den meisten Tierarten unterschied, war die zunehmende Bedeutung von Emotionen wie Zuneigung, Fürsorge und Kooperation. Während viele Tiere Bindungen ausschließlich zum Zweck der Fortpflanzung eingehen, begann der Mensch, eine tiefere soziale Verbindung zu seinen Partnern aufzubauen.

Die enge emotionale Bindung zwischen Menschen lässt sich auch in der Tierwelt bei einigen hochentwickelten Arten beobachten. Wölfe etwa bilden Rudel, in denen das Alpha-Paar oft eine lebenslange Partnerschaft führt und gemeinsam für die Aufzucht der Welpen verantwortlich ist. Ebenso zeigen einige Vogelarten, wie Schwäne, eine bemerkenswerte Treue zueinander, indem sie jedes Jahr dieselben Partner zur Brutzeit aufsuchen. Diese dauerhaften Verbindungen im Tierreich zeigen, dass Partnerschaft nicht nur auf biologische Instinkte reduziert werden kann, sondern auch tiefere, soziale und emotionale Funktionen erfüllen kann.

Beim Menschen ging diese Entwicklung noch weiter. Die zunehmende Bedeutung von sozialen Bindungen und emotionaler Nähe führte dazu, dass die Paarbildung zu einem zentralen Element der Gemeinschaft wurde. Während viele Tierarten nur in bestimmten Phasen des Lebens enge Bindungen eingehen, entwickelten Menschen die Fähigkeit, dauerhafte Partnerschaften zu formen, die auf Vertrauen, Zuneigung und Zusammenarbeit basierten. Diese sozialen Bindungen waren der Ursprung dessen, was später zur Ehe als Institution werden sollte.

Der Mensch zeigt uns also, dass die evolutionären Instinkte, die das Verhalten vieler Tiere bestimmen, nicht einfach verschwunden sind, sondern sich in komplexere, soziale Strukturen verwandelt haben. Die ursprünglichen Instinkte zur Fortpflanzung und zum Schutz des Nachwuchses bildeten die Grundlage für menschliche Partnerschaften, doch der Mensch fügte diesen Beziehungen eine neue Dimension hinzu – die der emotionalen und sozialen Bindung. Partnerschaften entwickelten sich zu etwas, das über den reinen biologischen Instinkt hinausging, und ebneten damit den Weg für das, was wir heute als Ehe verstehen.

Die menschliche Fähigkeit, tiefere Verbindungen zu knüpfen, zeigt uns, dass die Paarbildung, sowohl bei Tieren als auch bei Menschen, nicht nur eine biologische Notwendigkeit ist, sondern auch eine Quelle emotionaler und sozialer Stabilität. Die Natur lieferte den Grundstein, aber der Mensch baute darauf ein komplexes System von Beziehungen und Partnerschaften, das schließlich zur Institution der Ehe führte.

Jäger und Sammler

Die Rolle der Partnerschaft in nomadischen Gesellschaften

In der langen Geschichte der Menschheit gibt es eine Epoche, die besonders prägend für das menschliche Sozialverhalten war: die Zeit der Jäger und Sammler. Diese Periode, die den Großteil der menschlichen Existenz ausmacht, formte die grundlegenden Strukturen der menschlichen Beziehungen, einschließlich der Partnerschaften zwischen Mann und Frau. In diesen nomadischen Gesellschaften, die vor der Sesshaftwerdung und dem Aufkommen des Ackerbaus existierten, spielten Partnerschaften eine entscheidende Rolle für das Überleben, die Stabilität der Gruppe und die Aufzucht der Nachkommen. Doch die Art und Weise, wie diese Partnerschaften strukturiert waren, unterschied sich deutlich von den späteren Formen, die in landwirtschaftlichen oder städtischen Gesellschaften entstanden.

Nomadische Gruppen waren klein, beweglich und lebten in ständiger Abhängigkeit von den natürlichen Ressourcen ihrer Umgebung. Sie zogen von Ort zu Ort, folgten den Jahreszeiten und den Wanderbewegungen der Tiere, auf die sie angewiesen waren. Diese Lebensweise verlangte von den Menschen, flexibel und anpassungsfähig zu sein. Diese Flexibilität spiegelte sich auch in den Partnerschaften wider, die in diesen Gemeinschaften entstanden. Die Beziehungen zwischen Mann und

Frau waren eng mit den Anforderungen des Überlebens und der Notwendigkeit verknüpft, sich schnell an veränderte Umstände anpassen zu können.

Partnerschaften in diesen frühen Gesellschaften waren in erster Linie funktional. Die Zusammenarbeit zwischen den Partnern war entscheidend für den Erfolg der Gruppe. Die Männer übernahmen in der Regel die Aufgabe, auf die Jagd zu gehen und Wild zu erlegen, während die Frauen sich auf das Sammeln von Früchten, Nüssen und essbaren Pflanzen konzentrierten. Diese Arbeitsteilung war jedoch keineswegs starr. In nomadischen Gesellschaften war Flexibilität der Schlüssel zum Überleben, und Männer und Frauen mussten bereit sein, je nach Bedarf unterschiedliche Aufgaben zu übernehmen. Frauen jagten gelegentlich auch kleinere Tiere oder fischten, während Männer ebenfalls beim Sammeln helfen konnten. Diese dynamische Anpassungsfähigkeit ermöglichte es den frühen Menschen, sich auf die unvorhersehbaren Herausforderungen ihrer Umwelt einzustellen.

Die Partnerschaften in nomadischen Gruppen waren daher weit mehr als nur Bindungen zur Fortpflanzung. Sie basierten auf einer funktionalen Arbeitsteilung, die das Überleben sicherte, und bildeten den Kern der sozialen Struktur. Eine wichtige Funktion dieser Partnerschaften war es, die Versorgung des Nachwuchses zu gewährleisten. In einer Welt voller Gefahren mussten die Eltern eng zusammenarbeiten, um die Sicherheit und das Überleben ihrer Kinder zu gewährleisten. Dies führte zu einer starken gegenseitigen Abhängigkeit zwischen den Partnern, die über die reine Biologie hinausging.

Ein wesentlicher Aspekt nomadischer Partnerschaften war ihre Flexibilität. Anders als in sesshaften, landwirtschaftlich geprägten Gesellschaften, in denen stabile und dauerhafte Verbindungen bevorzugt wurden, waren die Partnerschaften der Jäger und Sammler oft temporär und pragmatisch. Die Bindungen wurden in erster Linie durch die Notwendigkeiten der Zusammenarbeit und des Überlebens bestimmt. In Zeiten knapper Ressourcen oder bei klimatischen Veränderungen war es nicht ungewöhnlich, dass sich Gruppen auflösten oder neu formierten und dass sich auch die Partnerschaften innerhalb dieser Gruppen veränderten. Diese Flexibilität bedeutete jedoch nicht, dass es keine emotionalen Bindungen gab. Im Gegenteil, die enge Zusammenarbeit zwischen den Partnern führte oft zu starken sozialen und emotionalen Verbindungen, die das Zusammenleben innerhalb der Gruppe prägten.

Die Partnerschaft war in diesen frühen Gesellschaften auch ein Mittel der sozialen Integration. Da die nomadischen Gruppen oft klein und eng miteinander verbunden waren, spielte die Paarbildung eine zentrale Rolle, um die Gruppenkohäsion zu stärken. Partnerschaften halfen, soziale Netzwerke innerhalb der Gruppe aufzubauen und zu pflegen, was für das Überleben in einer unwirtlichen und oft feindlichen Umwelt entscheidend war. Diese engen sozialen Verflechtungen stellten sicher, dass alle Mitglieder der Gruppe voneinander abhängig waren und ein gemeinsames Interesse daran hatten, das Wohl der Gemeinschaft zu sichern.

Die Flexibilität der nomadischen Lebensweise erlaubte es den Menschen auch, auf gesellschaftliche Normen zu verzichten, die in späteren, sesshaften Kulturen mit der Ehe verbunden waren. Es gab keine formalen Rituale, die Partnerschaften besiegelten, keine festen rechtlichen Strukturen, die Verbindungen aufrechterhielten. Stattdessen basierten die Partnerschaften auf einem natürlichen, instinktiven Zusammenkommen von Menschen, die sich gegenseitig unterstützten und ergänzten. Die Bindung an einen Partner war nicht zwingend lebenslang und unterlag keiner institutionellen Kontrolle, sondern war ein Resultat der sozialen und ökonomischen Bedingungen, unter denen diese frühen Menschen lebten.

Ein weiterer interessanter Aspekt der Partnerschaften in nomadischen Gesellschaften war ihre soziale Gleichheit. Obwohl es geschlechtsspezifische Aufgaben gab, gab es keine strikte Hierarchie zwischen Mann und Frau. Beide waren aufeinander angewiesen, und ihre Rollen wurden nicht durch starre gesellschaftliche Normen oder rechtliche Vorgaben festgelegt, wie es später in landwirtschaftlich geprägten Gesellschaften der Fall war. Diese relative Gleichheit ermöglichte es, dass die Partnerschaften auf gegenseitiger Unterstützung und Respekt basierten, was das Überleben der Gemeinschaft förderte. In einer Welt, in der Ressourcen knapp und das Überleben ungewiss waren, war die Zusammenarbeit der Schlüssel zum Erfolg.

Partnerschaften in nomadischen Gesellschaften boten also mehr als nur eine biologische Notwendigkeit zur Fortpflanzung. Sie waren der zentrale soziale Kitt, der die Gemeinschaften zusammenhielt. Diese frühen Verbindungen, geprägt von Flexibilität, Pragmatismus und gegenseitiger Abhängigkeit, legten den Grundstein für die späteren, institutionellen Formen der Partnerschaft, die wir heute als Ehe kennen. Doch in ihrer ursprünglichen Form waren diese Beziehungen frei von den gesellschaftlichen und religiösen Konventionen, die in späteren Zeiten die Ehe definierten.

Die nomadischen Gemeinschaften der Jäger und Sammler zeigen uns, dass Partnerschaften in ihrer grundlegendsten Form nicht aus festen gesellschaftlichen Regeln oder institutionellen Anforderungen entstanden, sondern aus den natürlichen Instinkten des Menschen heraus, zu überleben und zusammenzuarbeiten. Diese Flexibilität und Anpassungsfähigkeit sind auch heute noch in modernen Partnerschaften zu erkennen, wenn Menschen sich an veränderte Lebensumstände und Herausforderungen anpassen. Die Rolle der Partnerschaft in den nomadischen Gesellschaften legt daher den Grundstein für das Verständnis, wie sich die Ehe als soziale Institution entwickelte – eine Institution, die sich über Jahrtausende hinweg immer wieder an die Bedürfnisse und Anforderungen der jeweiligen Zeit anpasste.

Die ersten Siedlungen

Sesshaftigkeit und der Wandel von Partnerschaften

Mit dem Übergang von einer nomadischen Lebensweise hin zur Sesshaftigkeit vollzog sich eine der tiefgreifendsten Veränderungen in der menschlichen Geschichte. Diese Veränderung betraf nicht nur den Alltag der Menschen, sondern auch ihre sozialen Strukturen und insbesondere ihre Partnerschaften. Der Ackerbau und die Viehzucht, die es den Menschen ermöglichten, sich dauerhaft an einem Ort niederzulassen, schufen die Grundlagen für ein neues Verständnis von Gemeinschaft, Eigentum und Beziehung. Diese neuen Lebensbedingungen führten dazu, dass sich auch die Partnerschaften veränderten und eine größere Beständigkeit und Struktur erhielten. Es war eine Zeit, in der die Idee einer dauerhaften Verbindung zwischen Mann und Frau langsam Form annahm – eine Entwicklung, die den Grundstein für das legte, was später zur institutionellen Ehe werden sollte.

Als die Menschen begannen, Ackerbau zu betreiben und Tiere zu domestizieren, entstand eine neue Form der Sicherheit. Die ständige Unsicherheit des nomadischen Lebens, bei dem die Menschen darauf angewiesen waren, den wilden Tieren zu folgen und die natürlichen Ressourcen auszuschöpfen, wich einer stabileren Lebensweise. Felder und domestizierte Tiere ermöglichten es den Menschen, ihre Nahrung selbst zu produzieren und Vorräte anzulegen. Diese neue Stabilität führte dazu, dass die Gemeinschaften größer wurden und die Menschen begannen, ihre soziale Organisation anzupassen. In diesem Kontext veränderten sich auch die Partnerschaften.

In nomadischen Gesellschaften waren Partnerschaften oft flexibel und temporär, geprägt von der Notwendigkeit, sich den wechselnden Gegebenheiten der Umwelt anzupassen. Doch mit der Sesshaftigkeit entstand ein neues Bedürfnis nach Beständigkeit und Struktur. Der Besitz von Land und Tieren brachte ein tiefes Verständnis von Eigentum mit sich, das nicht nur den materiellen Besitz, sondern auch die sozialen Bindungen betraf. Partnerschaften wurden nun nicht mehr nur aus pragmatischen Gründen geschlossen, um das Überleben der Gruppe zu sichern, sondern um den Besitz zu erhalten und an die nächste Generation weiterzugeben. Die Idee der Vererbung, die in einer nomadischen Gesellschaft von geringer Bedeutung war, wurde nun zu einem zentralen Faktor bei der Gestaltung von Beziehungen.

Der Ackerbau erforderte langfristige Planung und harte Arbeit. Felder mussten bestellt, Tiere versorgt und Vorräte für den Winter angelegt werden. Diese Aufgaben konnten nicht mehr allein bewältigt werden, und so wurden Partnerschaften zwischen Mann und Frau immer mehr zu einem festen Bestandteil der sozialen Ordnung. Der Erfolg eines Haushalts hing stark von der Zusammenarbeit beider Partner ab. Während Männer häufig die schwereren Arbeiten auf den Feldern übernahmen und die Tiere versorgten, kümmerten sich Frauen um die Verarbeitung der Ernte und die Versorgung des Haushalts. Diese Arbeitsteilung, die in den nomadischen Gemeinschaften oft flexibler war, wurde nun zu einer festen gesellschaftlichen Norm. Die Bindung zwischen Mann und Frau war nicht mehr nur eine temporäre Verbindung zur Fortpflanzung, sondern wurde zu einer wirtschaftlichen Notwendigkeit.

Mit der Sesshaftigkeit kam auch die Entstehung von Dörfern und ersten städtischen Gemeinschaften. Diese neuen Strukturen führten dazu, dass Partnerschaften nicht mehr nur von den individuellen Bedürfnissen der Partner bestimmt wurden, sondern zunehmend von den Erwartungen der Gemeinschaft. Die soziale Kontrolle innerhalb der Siedlungen nahm zu, und mit ihr auch der Druck, bestimmte Verhaltensnormen zu erfüllen. Partnerschaften wurden zunehmend als Teil eines größeren sozialen Gefüges betrachtet, das nicht nur das Wohl der Familie, sondern auch das der gesamten Gemeinschaft im Blick hatte. Die langfristige Verbindung zwischen Mann und Frau diente nicht mehr nur der gegenseitigen Unterstützung, sondern auch der Schaffung von Stabilität innerhalb der Gemeinschaft.

Ein weiterer wichtiger Faktor, der die Partnerschaften in dieser Zeit veränderte, war die Entstehung von Eigentum. In einer sesshaften Gesellschaft wurde der Besitz von Land und Tieren zu einem zentralen Aspekt des Lebens. Land bedeutete nicht nur Nahrung und Wohlstand, sondern auch Macht und Einfluss. Die Kontrolle über Land und die Weitergabe dieses Besitzes an die Nachkommen spielte eine immer größere Rolle. Partnerschaften wurden nun auch unter dem Gesichtspunkt des Erbes betrachtet. Die Sicherstellung, dass das Land in der

Familie blieb und von den eigenen Nachkommen bewirtschaftet wurde, machte die Stabilität der Partnerschaft zu einem entscheidenden Faktor. Diese neue soziale Realität führte dazu, dass die Beziehungen zwischen Mann und Frau immer mehr formalisiert wurden. Der Gedanke der dauerhaften Bindung und der Institutionalisierung der Partnerschaft begann langsam Wurzeln zu schlagen.

Die Einführung der Sesshaftigkeit brachte auch eine Veränderung in der sozialen Hierarchie mit sich. In den früheren nomadischen Gesellschaften war die soziale Gleichheit oft stärker ausgeprägt, da alle Mitglieder der Gruppe aufeinander angewiesen waren und sich gegenseitig unterstützen mussten. Mit dem Besitz von Land und Tieren entstanden jedoch soziale Unterschiede, und diese spiegelten sich auch in den Partnerschaften wider. Beziehungen wurden zunehmend unter dem Gesichtspunkt des wirtschaftlichen Nutzens betrachtet. Der Status eines Mannes und seiner Familie war oft entscheidend für die Wahl eines Partners, da das Ziel darin bestand, den Besitz zu sichern und zu vergrößern.

Mit dieser Entwicklung begann sich das Konzept der Ehe langsam herauszubilden. Partnerschaften, die ursprünglich auf praktischen und wirtschaftlichen Überlegungen basierten, erhielten zunehmend eine formelle Dimension. Es wurden erste Rituale entwickelt, um die Verbindung zwischen Mann und Frau zu festigen und sie öffentlich zu machen. Diese frühen Vorformen der Ehe waren jedoch noch weit von dem entfernt, was wir heute unter dem Begriff verstehen. Sie waren pragmatisch, funktional und stark an die Bedürfnisse der sesshaften Lebensweise angepasst.

Die Sesshaftigkeit und der Ackerbau veränderten die Art und Weise, wie Menschen miteinander lebten und sich miteinander verbanden. Partnerschaften, die in nomadischen Gesellschaften oft temporär und flexibel waren, wurden nun zu festen, stabilen Verbindungen, die auf wirtschaftlicher Zusammenarbeit, Besitz und Erbe basierten. Der Übergang zur Sesshaftigkeit legte den Grundstein für die spätere Entwicklung der Ehe als gesellschaftliche Institution. Die dauerhafte Partnerschaft zwischen Mann und Frau war nun nicht mehr nur eine biologische Notwendigkeit, sondern ein wesentlicher Bestandteil des sozialen und wirtschaftlichen Gefüges der neuen, sesshaften Gesellschaften.

Familie als ökonomische Einheit

Ehe in frühen Zivilisationen

Mit dem Aufstieg der ersten Hochkulturen in Mesopotamien, Ägypten und später Griechenland und Rom veränderte sich die Funktion der Ehe grundlegend. Was einst in nomadischen und frühen landwirtschaftlichen Gesellschaften eine flexible Partnerschaft war, wurde nun in den wachsenden Stadtstaaten zu einer festen, strukturierten Institution. Diese frühen Zivilisationen brachten nicht nur neue Formen von Verwaltung, Handel und Schrift mit sich, sondern auch eine neue Bedeutung der Familie und Ehe. In dieser neuen Welt, in der Besitz und Eigentum eine immer größere Rolle spielten, wurde die Familie zur zentralen ökonomischen Einheit, und die Ehe diente zunehmend als Mittel, um Eigentum zu sichern und Ressourcen zu bewahren.

In den frühen Hochkulturen war der Zugang zu Land, Reichtum und Macht eng mit der Organisation der Familie verbunden. Die Ehe wurde zum Instrument, das half, diese sozialen und wirtschaftlichen Strukturen zu festigen. In Mesopotamien zum Beispiel, wo einige der frühesten schriftlichen Aufzeichnungen über Eheverträge existieren, war die Ehe nicht nur eine persönliche Verbindung, sondern auch ein öffentlicher und rechtlich bindender Vertrag. Diese Verträge regelten die Rechte und Pflichten der Ehepartner und sicherten vor allem die Weitergabe von Eigentum an die Nachkommen. Die Ehe diente in dieser Zeit als Schutzmechanismus, um sicherzustellen, dass Besitz in der Familie blieb und nicht durch unkontrollierte Verbindungen gefährdet wurde.

Die Bedeutung der Ehe als wirtschaftliche Institution war in den frühen Zivilisationen eng mit dem Erbrecht verknüpft. In einer Zeit, in der Reichtum vor allem in Form von Land, Vieh und anderen materiellen Ressourcen existierte, war es von zentraler Bedeutung, dieses Eigentum innerhalb der Familie zu halten. Der Besitz von Land und anderen Ressourcen garantierte den sozialen Status und die wirtschaftliche Sicherheit einer Familie, und die Ehe wurde das Mittel, um diesen Besitz an die nächste Generation weiterzugeben. Die Sicherung des Erbes stand im Mittelpunkt vieler Ehevereinbarungen, und so war es nicht ungewöhnlich, dass Partnerschaften vor allem auf wirtschaftlichen Überlegungen basierten. Liebe und Zuneigung spielten in vielen Fällen nur eine untergeordnete Rolle. Vielmehr wurde die Ehe als eine Möglichkeit angesehen, Familienallianzen zu stärken und den Besitz zu vermehren.

Die wirtschaftliche Rolle der Ehe zeigte sich auch in der Praxis des Brautpreises oder der Mitgift, die in vielen frühen Kulturen weit verbreitet war. In Mesopotamien, aber auch in Ägypten und Griechenland, war es üblich, dass der Bräutigam oder seine Familie einen Brautpreis zahlte, um die Verbindung zu formalisieren. Dieser Brautpreis stellte nicht nur eine symbolische Geste dar, sondern auch eine wirtschaftliche Transaktion, die den Wert der Ehe in materiellen Begriffen festlegte. Die Familie der Braut konnte durch die Heirat wirtschaftliche

Vorteile erlangen, während die Familie des Bräutigams durch den Erwerb von Land oder anderen Ressourcen ihre eigene Stellung festigte. Gleichzeitig diente die Mitgift, die die Braut in die Ehe brachte, als wirtschaftliche Sicherheit für die neue Familie. Sie war ein Mittel, um die wirtschaftliche Grundlage des neuen Haushalts zu stärken und sicherzustellen, dass die Frau im Falle des Todes ihres Mannes abgesichert war.

In den frühen Zivilisationen wurde die Ehe auch genutzt, um Allianzen zwischen mächtigen Familien zu schmieden. Besonders in den königlichen und adligen Familien war die Ehe oft weniger eine persönliche Angelegenheit als ein politisches Instrument. Die Heirat zwischen zwei einflussreichen Familien konnte dazu dienen, Machtstrukturen zu stabilisieren und Bündnisse zu festigen. In diesen Fällen diente die Ehe nicht nur der Sicherung des Eigentums, sondern auch der Sicherung von Macht und Einfluss. In den Königshäusern des alten Ägypten und Mesopotamiens war es nicht ungewöhnlich, dass Ehen strategisch arrangiert wurden, um politische Allianzen zu stärken und das eigene Territorium zu vergrößern.

Neben der Sicherung von Eigentum spielte die Ehe in den frühen Zivilisationen auch eine wichtige Rolle bei der sozialen Kontrolle. In einer Gesellschaft, in der Besitz und Erbe zentral waren, war es wichtig, dass die Legitimität der Nachkommen gesichert war. Die Ehe garantierte, dass Kinder, die in die Familie hineingeboren wurden, rechtlich als Erben anerkannt wurden. Dies war besonders in patriarchalischen Gesellschaften von Bedeutung, in denen das Erbe in der männlichen Linie weitergegeben wurde. Die Frau spielte dabei eine zentrale Rolle, da sie die Verantwortung trug, legitime Erben zur Welt zu bringen. Ehebruch oder uneheliche Kinder stellten eine Bedrohung für die gesellschaftliche Ordnung dar, da sie die Kontinuität des Erbes gefährdeten. Die Ehe diente daher auch der Kontrolle der Sexualität und der Sicherstellung, dass nur legitime Erben das Familienerbe fortführen konnten.

In den städtischen Zentren der frühen Zivilisationen entwickelte sich die Ehe zudem zu einem zentralen Element der wirtschaftlichen Organisation. In einer Zeit, in der Handel und Handwerk immer wichtiger wurden, spielten Ehepartner oft eine entscheidende Rolle in der Verwaltung und Sicherung der wirtschaftlichen Geschäfte. Männer und Frauen arbeiteten häufig zusammen, um den Wohlstand des Haushalts zu mehren. In vielen Fällen war die Frau für die Haushaltsführung und die Verwaltung der Güter verantwortlich, während der Mann die äußeren Angelegenheiten, wie Handel und politische Beziehungen, übernahm. Diese gemeinsame wirtschaftliche Verantwortung verstärkte die Bedeutung der Ehe als ökonomische Einheit, die nicht nur auf familiäre Bindungen, sondern auch auf wirtschaftlichen Erfolg abzielte.

Die Ehe in den frühen Zivilisationen war also weit mehr als nur eine persönliche Verbindung zwischen zwei Menschen. Sie war ein komplexes soziales und ökonomisches Konstrukt, das dazu diente, den Besitz und die Ressourcen innerhalb der Familie zu sichern und an die nächste Generation weiterzugeben. Sie schuf soziale Stabilität, kontrollierte den Zugang zu Eigentum und stellte sicher, dass Macht und Einfluss innerhalb einer Familie blieben. Diese Funktion der Ehe als wirtschaftliches Instrument prägte die Entwicklung der Institution über Jahrtausende und legte den Grundstein für viele der Strukturen, die auch heute noch das Eheleben in verschiedenen Kulturen bestimmen.

Die Rolle der Ehe als Mittel zur Sicherung von Eigentum und Ressourcen zeigt uns, wie tief verwurzelt wirtschaftliche und gesellschaftliche Interessen in der menschlichen Beziehungsgeschichte sind. Sie erinnert uns daran, dass Partnerschaften, so intim und persönlich sie auch sein mögen, immer auch in einem größeren sozialen und ökonomischen Kontext standen – ein Kontext, der in den ersten Hochkulturen entscheidend zur Entstehung der Ehe als gesellschaftliche Institution beitrug.

Mesopotamische Eheverträge

Die Anfänge der Institution Ehe

Die Wiege der Zivilisation, Mesopotamien, schenkte der Menschheit nicht nur den Ackerbau, das Rad und die Schrift, sondern auch die ersten schriftlich festgehaltenen Dokumente über eine der zentralen sozialen Institutionen der Menschheit: die Ehe. Diese frühen Aufzeichnungen, die auf Tontafeln verewigt wurden, zeugen von der hohen Bedeutung, die die mesopotamische Gesellschaft der Ehe als rechtlich bindender Vereinbarung beimaß. Die Ehe war in Mesopotamien weit mehr als eine persönliche oder religiöse Verbindung zwischen zwei Menschen – sie war ein Vertrag, eine Abmachung, die in der gesamten Gemeinschaft Auswirkungen hatte und tief in die gesellschaftlichen, ökonomischen und rechtlichen Strukturen eingebettet war.

Die ältesten bekannten Eheverträge stammen aus der Zeit um 2300 v. Chr. aus der Stadt Ur, einer der bedeutendsten Städte des sumerischen Reiches. Diese Verträge boten eine formelle Regelung der Ehe, in der die Rechte und Pflichten beider Ehepartner festgelegt wurden. Dabei ging es nicht nur um den Schutz der Ehefrau oder die Gewährleistung der Nachkommenschaft, sondern auch um die Sicherung des Eigentums und der wirtschaftlichen Ressourcen beider Familien. Durch diese Verträge wurde die Ehe erstmals in eine feste institutionelle

Form gegossen, die sowohl das Private als auch das Öffentliche betraf.

Ein besonders interessantes Element dieser frühen Eheverträge ist die Art und Weise, wie sie den gesellschaftlichen Status der Frau behandelten. Während in vielen späteren Kulturen die Frau in einer Ehe oft als Besitz des Mannes betrachtet wurde, zeigen die mesopotamischen Verträge, dass die Rechte der Frau in vielerlei Hinsicht geschützt wurden. So war es üblich, dass die Braut eine Mitgift in die Ehe einbrachte, die ihr im Falle einer Scheidung oder des Todes ihres Mannes als finanzielle Absicherung zurückgegeben wurde. Dies verlieh der Frau eine gewisse wirtschaftliche Unabhängigkeit, die in anderen antiken Kulturen oft nicht gegeben war. Der Vertrag regelte somit nicht nur die Pflichten der Frau gegenüber ihrem Mann und der Familie, sondern sicherte ihr auch Rechte und einen gewissen Schutz zu.

Die zentrale Rolle der Ehe in der mesopotamischen Gesellschaft lässt sich auch daran erkennen, dass diese Verträge nicht nur private Vereinbarungen waren, sondern von öffentlichen Autoritäten – oft in Anwesenheit von Zeugen – bestätigt wurden. Dies zeigt, dass die Ehe nicht nur als privates Bündnis betrachtet wurde, sondern eine öffentliche Dimension hatte, die die gesamte Gemeinschaft betraf. Die Eheschließung war ein sozialer Akt, der nicht nur die beiden betroffenen Familien verband, sondern auch das Gefüge der Stadtgesellschaft beeinflusste. Die öffentliche Bestätigung dieser Verträge stellte sicher, dass die Rechte und Pflichten beider Parteien vor der gesamten Gemeinschaft geschützt und durchgesetzt wurden.

Ein weiteres zentrales Element dieser frühen Eheverträge war die Bedeutung der Nachkommenschaft. In einer Gesellschaft, in der die Sicherung des Erbes und die Weitergabe von Eigentum eine wesentliche Rolle spielten, war die Zeugung legitimer Kinder von größter Bedeutung. Viele Eheverträge enthielten Klauseln, die die Pflichten der Frau zur Kinderzeugung festlegten, aber auch Regelungen für den Fall, dass die Ehe kinderlos blieb. In solchen Fällen konnten alternative Lösungen, wie die Adoption oder das Beiziehen einer Nebenfrau, vereinbart werden, um sicherzustellen, dass der Mann dennoch Erben haben würde. Diese Klauseln unterstreichen die enge Verbindung zwischen Ehe und wirtschaftlichem Fortbestand, die für die mesopotamische Gesellschaft charakteristisch war.

Die mesopotamischen Eheverträge verdeutlichen auch die Rolle des Mannes in der Ehe. Während er als Oberhaupt der Familie betrachtet wurde, waren seine Rechte und Pflichten durch den Vertrag klar definiert. Der Mann war verpflichtet, für das Wohl seiner Frau und seiner Kinder zu sorgen. Er trug die Verantwortung für den materiellen Unterhalt der Familie und musste sicherstellen, dass die ehelichen Rechte seiner Frau gewahrt wurden. Verstöße gegen diese Pflichten konnten rechtliche Konsequenzen haben, was zeigt, dass die Ehe als ein rechtlich bindender und schützenswerter Vertrag betrachtet wurde.

Die Bedeutung dieser Verträge ging jedoch über die individuelle Familie hinaus. In einer Gesellschaft, die zunehmend komplexe Handels- und Wirtschaftsbeziehungen entwickelte, wurden Eheverträge oft als Mittel genutzt, um Allianzen zwischen mächtigen Familien zu schmieden. Durch die Heirat wurden politische und wirtschaftliche Bündnisse geschlossen, die weit über die persönlichen Beziehungen hinausgingen. In einer Zeit, in der der Zugang zu Land, Wasser und anderen lebenswichtigen Ressourcen eng mit der politischen Macht verknüpft war, wurde die Ehe zu einem wichtigen Instrument, um diese Macht zu sichern und zu erweitern.

Ein weiteres faszinierendes Detail der mesopotamischen Eheverträge ist die Tatsache, dass sie Regelungen für den Fall einer Scheidung enthielten. Während die Ehe als dauerhaftes Bündnis betrachtet wurde, erkannte die mesopotamische Gesellschaft auch an, dass es Umstände geben konnte, unter denen eine Ehe aufgelöst werden musste. Diese Regelungen schützten oft die Rechte der Frau, insbesondere in Bezug auf die Rückgabe ihrer Mitgift oder anderer Vermögenswerte. Sie zeigen, dass die mesopotamische Gesellschaft ein tiefes Verständnis für die Komplexität menschlicher Beziehungen hatte und versuchte, rechtliche Mechanismen zu entwickeln, um faire Lösungen für alle Beteiligten zu finden.

Die Analyse dieser frühen Eheverträge zeigt, dass die Institution der Ehe in Mesopotamien weit mehr als eine einfache gesellschaftliche Norm war. Sie war ein komplexes rechtliches und soziales Instrument, das dazu diente, das wirtschaftliche und gesellschaftliche Gefüge der Gemeinschaft zu stabilisieren. Die Ehe war nicht nur eine persönliche Angelegenheit, sondern wurde zu einem zentralen Bestandteil der gesellschaftlichen Struktur. Durch den Ehevertrag wurde die Beziehung zwischen Mann und Frau formalisiert und in einen rechtlichen Rahmen eingebettet, der das Wohl der Familie und der Gemeinschaft sichern sollte.

Die mesopotamischen Eheverträge markieren somit den Beginn der Institutionalisierung der Ehe. Sie zeigen, wie tief verwurzelt wirtschaftliche, soziale und rechtliche Überlegungen in der Ehe bereits in den frühesten Zivilisationen waren. Diese Verträge waren nicht nur Dokumente, die eine persönliche Beziehung besiegelten, sondern auch Ausdruck der sich entwickelnden Komplexität der menschlichen Gesellschaft. Sie legten den Grundstein für die spätere Entwicklung der Ehe als Institution und spiegeln die grundlegenden menschlichen Bedürfnisse nach Sicherheit, Nachkommenschaft und sozialer Stabilität wider.

Ägyptische und griechische Ehen

Religiöse und gesellschaftliche Normen

Die Ehe war in den antiken Zivilisationen Ägyptens und Griechenlands weit mehr als eine persönliche Verbindung zwischen zwei Menschen. Sie war tief in den religiösen und gesellschaftlichen Normen verankert und spielte eine zentrale Rolle in der Aufrechterhaltung der sozialen Ordnung. Beide Kulturen, obwohl geographisch und kulturell unterschiedlich, betrachteten die Ehe als einen Pfeiler, auf dem nicht nur die Familie, sondern die gesamte Gesellschaft ruhte. Sie spiegelte die Werte, Glaubenssysteme und die Vorstellungen von gesellschaftlicher Stabilität wider, die für diese antiken Zivilisationen charakteristisch waren.

In Ägypten galt die Ehe als eine natürliche und essentielle Institution, um das soziale und religiöse Gefüge zu stabilisieren. Die Ägypter sahen in der Ehe eine Form göttlicher Ordnung, die die Gesellschaft in Harmonie und Ausgleich hielt. Obwohl es in Ägypten keine schriftlich festgelegten religiösen Riten zur Eheschließung gab, hatte die Ehe dennoch einen tiefen religiösen Unterton. Man glaubte, dass die Verbindung zwischen Mann und Frau durch die Götter selbst gesegnet war. Dies spiegelte sich besonders in der Vorstellung der ›Harmonie‹ innerhalb der Ehe wider, die das Gleichgewicht der gesamten Schöpfung repräsentieren sollte. Ein bekanntes Symbol für diese Harmonie war die Göttin Hathor, die als Schutzgöttin der

Frauen, der Liebe und der Ehe verehrt wurde. Hathor war die Göttin, die für Fruchtbarkeit, Freude und häusliches Glück stand, und ihre Verehrung durchzog die gesamte ägyptische Gesellschaft.

Die Ehe in Ägypten war darüber hinaus eng mit dem Konzept der Maat verbunden, der göttlichen Ordnung und Gerechtigkeit, die das Gleichgewicht der Welt symbolisierte. Eine stabile Ehe wurde als Ausdruck der Maat gesehen, und das Zusammenleben von Mann und Frau galt als Verkörperung dieser kosmischen Harmonie. Interessanterweise war die ägyptische Ehe in vielerlei Hinsicht vergleichsweise egalitär. Frauen hatten in der Ehe bedeutende Rechte, und es war nicht ungewöhnlich, dass Frauen in wirtschaftlichen Angelegenheiten gleichberechtigt oder sogar dominierend waren. Sie konnten Land besitzen, Geschäfte führen und ihre Mitgift in die Ehe einbringen. Diese Rechte schützten die Frau auch im Falle einer Scheidung, was in anderen antiken Gesellschaften nicht selbstverständlich war.

Scheidungen waren in Ägypten möglich und relativ unproblematisch, obwohl sie nicht die Regel darstellten. Auch bei einer Trennung behielt die Frau ihren Teil des Eigentums, was ihre finanzielle Sicherheit gewährleistete. Es wird vermutet, dass diese vergleichsweise liberale Haltung gegenüber Frauen in der Ehe und die Möglichkeit der Scheidung darauf beruhte, dass die ägyptische Gesellschaft den Fortbestand der sozialen und kosmischen Ordnung über die strikte Bindung der Ehe stellte. Die Ehe war eine Partnerschaft, die auf gegenseitigem Respekt und ökonomischer Zusammenarbeit basierte, und weniger ein patriarchales System, in dem der Mann dominierte.

In Griechenland hingegen war die Ehe von anderen religiösen und gesellschaftlichen Normen geprägt. Während sie auch hier als unverzichtbare Institution galt, war das griechische Eheleben stark von patriarchalischen Strukturen dominiert. Die Rolle der Frau war in der griechischen Ehe weitaus stärker reglementiert als in Ägypten, und ihre Rechte waren in vielerlei Hinsicht eingeschränkt. In der klassischen Periode Athens wurde die Frau primär als Mutter und Verwalterin des Haushalts gesehen, während der Mann die öffentliche und politische Sphäre dominierte. Die Ehe diente hier vor allem der Sicherstellung legitimer Nachkommen, die die Familientradition und den Besitz fortführen sollten. Der griechische Begriff ›oikos‹ – das Haus oder der Haushalt – fasste die Bedeutung der Ehe in der griechischen Gesellschaft zusammen: Die Ehefrau hatte die Aufgabe, den Haushalt zu verwalten, während der Mann sich um die politischen und wirtschaftlichen Angelegenheiten der Polis kümmerte.

Die Hochzeit selbst war in Griechenland ein formaler Akt, der nicht nur die zwei Ehepartner, sondern auch ihre Familien miteinander verband. Die Ehe wurde als Vertrag zwischen den Familien gesehen, und der Austausch von Mitgift spielte eine zentrale Rolle. Diese Mitgift, die von der Familie der Braut an die Familie des Bräutigams übergeben wurde, stellte sicher, dass die Frau in der neuen Familie versorgt war. Anders als in Ägypten war die griechische Frau jedoch stark von ihrem Mann abhängig und besaß nur wenige eigene Rechte. Ihre Rolle war es, legitime Erben zu gebären, die das Erbe des Mannes fortführen konnten. Während die Frau im Haushalt eine gewisse Macht besaß, blieb sie in der Öffentlichkeit weitgehend unsichtbar und hatte kaum Einfluss auf politische oder wirtschaftliche Entscheidungen.

Die Ehe in Griechenland war zudem stark mit religiösen Ritualen verbunden, die die göttliche Zustimmung zu dieser Verbindung sichern sollten. Eine der zentralen Gottheiten, die im Kontext der Ehe verehrt wurde, war Hera, die Gemahlin des Zeus. Hera galt als Schutzgöttin der Ehe und der Frauen, und ihre Rolle spiegelte das Ideal der treuen Ehefrau wider, die trotz der Untreue ihres Mannes loyal blieb. Die Hochzeit wurde oft mit Opfergaben und Festen gefeiert, die den Schutz der Götter für die neue Familie erbitten sollten. Doch trotz dieser religiösen Dimension war die Ehe in Griechenland in erster Linie ein Mittel zur Sicherstellung der Nachkommenschaft und des familiären Wohlstands. Die persönliche Beziehung zwischen Mann und Frau spielte eine untergeordnete Rolle. Viele Ehen wurden arrangiert, und Liebe war in vielen Fällen nicht das Hauptmotiv für die Verbindung.

In beiden Kulturen, sowohl in Ägypten als auch in Griechenland, diente die Ehe in erster Linie der sozialen und ökonomischen Stabilität. Während die Ägypter die Ehe stärker als Ausdruck göttlicher Harmonie und als eine relativ egalitäre Partnerschaft ansahen, war die Ehe in Griechenland stärker von patriarchalen Strukturen und der Sicherung des Erbes geprägt.

Doch trotz dieser Unterschiede teilten beide Kulturen die Überzeugung, dass die Ehe das Fundament der gesellschaftlichen Ordnung bildete. Sie stellte sicher, dass das Erbe und der soziale Status innerhalb der Familie bewahrt und an die nächste Generation weitergegeben wurde.

Die Ehe war in diesen antiken Zivilisationen tief mit den religiösen und gesellschaftlichen Normen verwoben. Sie spiegelte die Werte der jeweiligen Gesellschaft wider, sei es die göttliche Ordnung in Ägypten oder die patriarchalischen Strukturen im antiken Griechenland. Beide Kulturen sahen in der Ehe ein unverzichtbares Mittel, um die soziale Stabilität zu gewährleisten, die Machtverhältnisse zu sichern und die Kontinuität der Familie zu garantieren. Die Ehe war nicht nur eine persönliche Entscheidung, sondern ein integraler Bestandteil des religiösen und sozialen Lebens, der weitreichende Auswirkungen auf das gesamte gesellschaftliche Gefüge hatte.

Das römische Eheverständnis

Rechtliche und familiäre Strukturen

Das römische Reich, das sich von bescheidenen Anfängen bis zur mächtigsten Zivilisation der antiken Welt entwickelte, prägte das Eheverständnis der westlichen Kultur grundlegend. Die Ehe in Rom war weit mehr als eine persönliche Beziehung zwischen zwei Menschen – sie war ein fundamentales gesellschaftliches und rechtliches Instrument, das eng mit den familiären und politischen Strukturen des Imperiums verflochten war. Dabei spielten sowohl rechtliche Regeln als auch tief verwurzelte familiäre Normen eine entscheidende Rolle, die das soziale Leben des Römers formten.

In Rom unterschied man zwischen verschiedenen Formen der Ehe, die sich im Laufe der Jahrhunderte entwickelten. Die bedeutendste und traditionellste Form der Ehe war die ›manus-Ehe‹. In dieser Form der Eheschließung ging die Frau vollkommen in die Familie des Mannes über. Sie unterlag dem rechtlichen Schutz und der Autorität des Ehemanns oder des Familienoberhaupts, des sogenannten *pater familias*. Der pater familias war das Oberhaupt der römischen Familie und hatte nahezu uneingeschränkte Macht über seine Angehörigen, einschließlich der Ehefrau seines Sohnes. Dies bedeutete, dass Frauen in einer manus-Ehe wenig bis keine rechtliche Eigenständigkeit besaßen. Ihr rechtlicher Status war vollständig von ihrem Ehemann und dessen Familie abhängig, und sie verfügte über kein eigenes Vermögen.

Die manus-Ehe spiegelte die römische Vorstellung von Familie und Macht wider, die auf dem Konzept der *patria potestas* beruhte – der väterlichen Gewalt. Der Mann, und im weiteren Sinne das männliche Familienoberhaupt, wurde als die zentrale Autorität der Familie angesehen. Er war verantwortlich für den Schutz, das Vermögen und die Entscheidungen der Familie, aber auch für die moralische Integrität der Mitglieder. Dieses System der Familie war nicht nur eine private Angelegenheit, sondern spielte eine entscheidende Rolle im gesellschaftlichen und politischen Leben Roms. Die Ehe wurde zu einem Instrument, um Allianzen zu schmieden, Vermögen zu sichern und den sozialen Status der Familie zu wahren. Die römische Familie war eine zentrale Stütze des Staates, und die Ehe diente dazu, diese Stütze zu stärken.

Doch das römische Recht und die gesellschaftliche Praxis entwickelten sich mit der Zeit. Ab dem ersten Jahrhundert v. Chr. wurde die manus-Ehe allmählich von der ›freie Ehe‹ (matrimonium sine manu) abgelöst, in der die Frau rechtlich unabhängiger blieb. In dieser Form der Ehe behielt die Frau ihre eigenen rechtlichen Rechte und stand weiterhin unter der Autorität ihres eigenen Vaters – selbst nach ihrer Eheschließung. Diese Entwicklung bedeutete einen tiefgreifenden Wandel im römischen Eheverständnis. Frauen in einer freien Ehe konnten nun Vermögen besitzen, erben und sogar Geschäfte führen. Diese Unabhängigkeit spiegelte den wachsenden Einfluss von

Frauen in der römischen Gesellschaft wider, insbesondere in der Oberschicht, wo Frauen oft beträchtliches Vermögen kontrollierten.

Die rechtlichen Implikationen der römischen Ehe waren weitreichend. Während die Ehe eine private Verbindung darstellte, war sie zugleich ein rechtlich bindender Vertrag, der sowohl die Rechte als auch die Pflichten der Ehepartner festlegte. Ein zentrales Element der römischen Ehe war das Prinzip des ›consensus‹ – das Einverständnis beider Parteien. Die Ehe galt nur dann als gültig, wenn beide Partner der Verbindung zustimmten, was einen gewissen Schutz vor erzwungenen Ehen bot. Dennoch spielten familiäre Interessen eine zentrale Rolle bei der Auswahl des Ehepartners, insbesondere in den oberen Gesellschaftsschichten. Die Ehe diente oft dazu, politische oder wirtschaftliche Allianzen zu festigen. Diese Vereinbarungen hatten jedoch nicht nur Auswirkungen auf die Familien, sondern auch auf die Machtverhältnisse im gesamten Reich.

Ein bedeutender rechtlicher Aspekt der römischen Ehe war die Frage des Erbrechts. Die Ehe garantierte die Legitimität der Nachkommen, die als Erben des Familienvermögens dienten. Der Erhalt des Familienbesitzes und die Sicherstellung, dass das Erbe in der männlichen Linie weitergegeben wurde, war von zentraler Bedeutung für römische Familien. Da die Ehe im römischen Rechtssystem in erster Linie als Mittel zur Sicherung von Erben betrachtet wurde, wurden Frauen häufig unter Druck gesetzt, männliche Nachkommen zu gebären. Der Status und das Erbe der Familie hing davon ab, dass legitime Söhne geboren wurden, die das Vermögen weitertragen konnten.

Das römische Eheverständnis war jedoch nicht ausschließlich von rechtlichen und wirtschaftlichen Überlegungen geprägt. Die Ehe hatte auch eine gesellschaftliche Funktion, die tief in den moralischen und religiösen Normen Roms verwurzelt war. Die römische Gesellschaft legte großen Wert auf die Tugend der pudicitia, die Keuschheit und sittliche Reinheit, insbesondere bei Frauen. Die Ehefrau wurde als Hüterin des Haushalts und der familiären Ehre angesehen, und ihre Treue zu ihrem Ehemann war von größter Bedeutung. Ehebruch wurde als schweres Vergehen betrachtet, das nicht nur die Ehe zerstörte, sondern auch den Ruf der Familie und die gesellschaftliche Ordnung gefährdete. Frauen, die der Untreue verdächtigt wurden, mussten mit harten Strafen rechnen, während die Untreue des Mannes oft weniger streng bewertet wurde – ein Zeichen der patriarchalischen Strukturen der römischen Gesellschaft.

Die Ehe war auch eng mit religiösen Praktiken verbunden. Der römische Haushalt galt als religiöse Einheit, in der die Familie die Götter des Hauses, die sogenannten Lares und Penaten, verehrte. Diese Götter schützten das Heim und die Familie, und die Frau spielte eine zentrale Rolle in den rituellen Handlungen, die den Schutz und das Wohlwollen der Götter sicherstellen sollten. Die Ehe war somit nicht nur ein rechtlicher und sozialer Bund, sondern auch ein religiöses Sakrament, das den Schutz der Götter für die Familie gewährleisten sollte. In den römischen Hochzeiten wurden daher rituelle Handlungen vollzogen, die die Götter um ihren Segen für die Ehe baten.

Trotz der strengen gesellschaftlichen und rechtlichen Normen, die die Ehe bestimmten, war die Scheidung in Rom relativ einfach durchzuführen. Sowohl Männer als auch Frauen konnten eine Scheidung verlangen, und im Falle einer Scheidung behielt die Frau in einer freien Ehe ihr Vermögen und ihre Mitgift. Diese rechtliche Flexibilität zeigt, dass die Ehe in Rom trotz ihrer sozialen Bedeutung nicht als unauflösliches Sakrament betrachtet wurde, sondern vielmehr als vertragliche Vereinbarung, die auf gegenseitigem Konsens beruhte. Die Auflösung der Ehe war keine Schande, sondern ein rechtlich und sozial akzeptierter Vorgang, insbesondere wenn es um den Erhalt des Familienerbes oder die Sicherung neuer Allianzen ging.

Die römische Ehe war daher ein komplexes Geflecht aus rechtlichen, familiären und gesellschaftlichen Strukturen. Sie diente der Sicherung von Eigentum und Erbe, war tief in den religiösen und moralischen Werten Roms verwurzelt und spielte eine zentrale Rolle in der politischen und sozialen Stabilität des Reiches. Während Frauen in der manus-Ehe eine eher untergeordnete Rolle spielten, brachte die freie Ehe ihnen größere Unabhängigkeit und rechtliche Sicherheit. Dennoch blieb die Ehe in Rom ein Instrument zur Kontrolle und Sicherung der familiären Macht und des sozialen Status. Sie war ein unverzichtbares Bindeglied zwischen der privaten und der öffentlichen Sphäre, das die Grundlage der römischen Gesellschaft bildete und tief in die politischen und wirtschaftlichen Strukturen des Reiches eingebunden war.

Die Bibel und die Ehe

Adam und Eva als Symbol und Ursprung

Die Bibel, insbesondere das Alte Testament, prägt seit Jahrhunderten das Verständnis der Ehe in der jüdisch-christlichen Welt. Die Erzählung von Adam und Eva im Buch Genesis bietet nicht nur eine mythische Erklärung für die Ursprünge der Menschheit, sondern wurde auch zu einem zentralen Symbol für die Ehe als göttlich geschaffene Verbindung zwischen Mann und Frau. Diese Erzählung ist weit mehr als nur eine Geschichte über den Anfang der menschlichen Existenz – sie wurde im Laufe der Jahrtausende als Modell für die institutionalisierte Partnerschaft interpretiert, die das Fundament der menschlichen Gemeinschaft bilden sollte.

In der Genesis lesen wir, dass Gott Adam und Eva als erstes Menschenpaar erschuf. Adam, der nach Gottes Bild geformt wurde, erhielt die Aufgabe, den Garten Eden zu pflegen. Doch Gott erkannte, dass es nicht gut war, dass der Mensch allein sei, und beschloss, ihm eine Gefährtin zu erschaffen. Aus Adams Rippe formte er Eva, die erste Frau. Diese Schöpfungsgeschichte gilt als eine der ältesten und einflussreichsten Erzählungen über die menschliche Beziehung und wird oft als Ausgangspunkt für die biblische Auffassung der Ehe herangezogen. Adam und Eva wurden als erste Partner in eine Beziehung gesetzt, die als ›eins‹ beschrieben wird – ›Darum verlässt ein Mann seinen Vater und seine Mutter und hängt seiner Frau an, und sie werden ein Fleisch‹ (Genesis 2:24). Dieses Versprechen, ›ein Fleisch‹ zu werden, gilt als eine der frühesten biblischen Formulierungen der ehelichen Einheit und wird im jüdisch-christlichen Kontext als göttliches Ideal interpretiert.

Die Beziehung zwischen Adam und Eva steht symbolisch für die grundlegende Bindung, die die Ehe darstellen soll: eine intime, tiefgreifende Verbindung, die den Menschen als soziales Wesen formt und den Kern menschlicher Gemeinschaft bildet. Im biblischen Kontext geht die Ehe über das bloße Zusammenleben von Mann und Frau hinaus. Sie ist ein Bund, der in die Schöpfungsordnung eingebettet ist und dem menschlichen Leben eine transzendente Dimension verleiht. Diese Vorstellung hat das jüdisch-christliche Eheverständnis nachhaltig geprägt.

Im jüdischen Kontext ist die Ehe nicht nur eine soziale, sondern auch eine religiöse Verpflichtung. Im Talmud und in anderen jüdischen Schriften wird die Ehe als *Mitzvah*, also als göttliches Gebot, verstanden. Der Bund zwischen Adam und Eva wird als Prototyp für die Ehe angesehen – ein heiliger Akt, der sowohl die menschliche Gemeinschaft als auch das Volk Israel stärkt. Die Ehe wird dabei als partnerschaftliche Verbindung interpretiert, in der Mann und Frau gemeinsam arbeiten, um Gottes Gebote zu erfüllen und Kinder zu erziehen. Kinderreichtum wird im Judentum als Segen betrachtet, und die Ehe ist der Kanal, durch den dieses göttliche Geschenk weitergegeben wird.

Auch im christlichen Kontext wurde die Erzählung von Adam und Eva tief in das Verständnis der Ehe eingebettet. Jesus selbst zitierte den Vers aus Genesis 2:24, um die Bedeutung und Unauflöslichkeit der Ehe zu betonen. In den Evangelien (z.B. Matthäus 19:4-6) erklärt Jesus, dass die Ehe eine heilige und untrennbare Verbindung ist, die von Gott selbst geschaffen wurde. Er betont, dass ›was Gott zusammengefügt hat, soll der Mensch nicht scheiden.‹ Diese Aussage wurde im christlichen Denken zu einem zentralen Prinzip der Ehe, das die Bedeutung der Treue und des lebenslangen Bundes zwischen Mann und Frau unterstreicht. Im Neuen Testament wird die Ehe zudem als Symbol für die Beziehung zwischen Christus und seiner Kirche verwendet – ein weiteres Zeichen für den heiligen Charakter dieser Verbindung.

Die Rolle der Frau in der biblischen Erzählung von Adam und Eva hat im Laufe der Jahrhunderte zu zahlreichen Diskussionen geführt. Während einige Interpretationen Eva als gleichwertige Partnerin an der Seite Adams sehen, wird sie in anderen als diejenige betrachtet, die den Sündenfall einleitete und somit eine weniger zentrale Rolle im göttlichen Plan für die Menschheit einnimmt. Diese zweischneidige Sichtweise spiegelt sich in vielen historischen Eheverständnissen wider, in denen Frauen eine untergeordnete Rolle in der Familie einnahmen. Dennoch betont die Bibel, dass Adam und Eva gemeinsam die Verantwortung für die Schöpfung und die Fortpflanzung der Menschheit trugen. In diesem Sinne stellt die biblische Ehe nicht nur eine körperliche, sondern auch eine spirituelle und moralische Partnerschaft dar.

Ein weiterer zentraler Aspekt der biblischen Perspektive auf die Ehe ist der Begriff des Bundes. Die Ehe wird oft als Bündnis verstanden – ein heiliger Vertrag zwischen Gott, Mann und Frau. Dieser Gedanke hat im christlichen Verständnis der Ehe eine tiefgehende Bedeutung. Das Konzept des Bundes verweist darauf, dass die Ehe nicht nur eine rechtliche oder emotionale Verbindung ist, sondern eine sakramentale, von Gott initiierte Partnerschaft. Diese Sichtweise wurde besonders in der katholischen Theologie betont, die die Ehe zu einem der sieben Sakramente erhob. Hier wird die Ehe als ein unauflöslicher Bund betrachtet, der die göttliche Gnade vermittelt und den Ehepartnern hilft, ihre Berufung zu leben und ein heiliges Leben zu führen.

Der Sündenfall, der in der biblischen Erzählung von Adam und Eva folgt, hat ebenfalls tiefgreifende Auswirkungen auf das jüdisch-christliche Eheverständnis. Nachdem Adam und Eva gegen Gottes Gebot verstoßen hatten, wurden sie aus dem Garten Eden vertrieben und mussten die Härten der Welt außerhalb des Paradieses ertragen. Diese Vertreibung aus dem Paradies wurde im Laufe der Jahrhunderte oft als Metapher für die Schwierigkeiten des menschlichen Lebens und der Ehe interpretiert. Die Ehe, so wurde gesagt, sei eine Rückkehr zur Einheit und Harmonie, die durch den Sündenfall zerstört wurde. In diesem Sinne galt die Ehe als eine Form der göttlichen Gnade, die dem Menschen half, die verlorene Harmonie wiederherzustellen.

Die biblische Erzählung von Adam und Eva ist also weit mehr als eine einfache Schöpfungsgeschichte. Sie legt den Grundstein für das jüdisch-christliche Verständnis der Ehe als göttlich gewollte Verbindung, die sowohl eine irdische als auch eine spirituelle Dimension besitzt. Die Ehe wird nicht nur als Mittel zur Fortpflanzung und zum Erhalt der Gemeinschaft betrachtet, sondern als heiliger Bund, der den Menschen an seine göttliche Berufung erinnert und ihm hilft, ein sinnerfülltes Leben zu führen. Diese Vorstellung prägte nicht nur das religiöse, sondern auch das gesellschaftliche Leben in den folgenden Jahrtausenden und beeinflusst das moderne Eheverständnis bis heute.

Die Geschichte von Adam und Eva symbolisiert die Ursprünge der menschlichen Beziehung und stellt die Ehe als universelle, göttliche Institution dar, die weit über den bloßen Akt des Zusammenlebens hinausgeht. Sie verweist auf das Ideal einer Einheit, die durch gegenseitige Unterstützung, Treue und die gemeinsame Verantwortung für das Leben geprägt ist – eine Verbindung, die den Menschen mit dem Göttlichen und miteinander verbindet.

Das frühe Christentum und die Ehe

Vom Sakrament zum heiligen Bund

Die christliche Auffassung von Ehe entwickelte sich in den ersten Jahrhunderten nach Christus zu einer der wichtigsten Institutionen der westlichen Zivilisation. Doch der Weg, auf dem die Ehe zu einem Sakrament und schließlich zu einem heiligen Bund erhoben wurde, war komplex und von tiefgreifenden theologischen und gesellschaftlichen Veränderungen geprägt. Während die Ehe in der antiken Welt oft als privater Vertrag zwischen zwei Familien betrachtet wurde, verlieh das Christentum ihr eine neue Bedeutung: Sie wurde zu einem göttlich gestifteten Bund, der die Beziehung zwischen Christus und seiner Kirche widerspiegelte.

In den frühen Jahren des Christentums stand die Ehe nicht im Mittelpunkt der religiösen Praxis. Die frühen Christen lebten in einer Welt, die von römischen und jüdischen Traditionen dominiert wurde, und diese Gesellschaften hatten ihre eigenen Vorstellungen von Ehe. Im Römischen Reich war die Ehe ein rechtliches Konstrukt, das vor allem der Sicherung von Erbe und Besitz diente. Im Judentum galt die Ehe als göttliches Gebot, durch das die Gemeinschaft der Gläubigen gestärkt wurde. Diese Vorstellungen beeinflussten zwar die frühen christlichen Gemeinschaften, aber das Christentum brachte von Beginn an einen neuen, spirituellen Ansatz in die Diskussion über die Ehe ein.

Jesus selbst sprach in den Evangelien über die Ehe und stellte klar, dass sie eine heilige und untrennbare Verbindung zwischen Mann und Frau sein sollte. In Matthäus 19:6 sagte er: »Was nun Gott zusammengefügt hat, soll der Mensch nicht scheiden.« Diese Worte betonten die Unauflöslichkeit der Ehe und ihre göttliche Bestimmung. Jesus stellte damit einen deutlichen Kontrast zur Praxis der Scheidung, die sowohl im Judentum als auch im römischen Recht weit verbreitet war. Diese Betonung der Unauflöslichkeit war einer der ersten Schritte, durch die die Ehe im Christentum zu einem Sakrament wurde.

Der Apostel Paulus trug maßgeblich dazu bei, dass die Ehe in der christlichen Theologie eine zentrale Rolle spielte. In seinem Brief an die Epheser (Epheser 5:25-33) verglich Paulus die Beziehung zwischen Mann und Frau mit der zwischen Christus und seiner Kirche. Er forderte die Ehemänner auf, ihre Frauen zu lieben, ›wie Christus die Gemeinde geliebt hat‹. Diese Metapher, die die Ehe als Abbild der Beziehung zwischen Christus und der Kirche beschrieb, verlieh der Ehe eine neue, tiefere spirituelle Dimension. Die Ehe wurde nicht mehr nur als gesellschaftliche Institution gesehen, sondern als heiliges Abbild der göttlichen Liebe und Hingabe. Paulus betonte dabei die gegenseitige Verantwortung und das Prinzip der Liebe, das die Grundlage der christlichen Ehe bilden sollte.

Im Laufe der Jahrhunderte entwickelte sich diese paulinische Sichtweise zu einem zentralen Dogma der christlichen Ehetheologie. Besonders in der Spätantike und im Mittelalter nahm die Ehe im christlichen Leben einen immer höheren Stellenwert ein. Die Kirche begann, die Ehe als eines der sieben Sakramente zu betrachten – als sichtbares Zeichen der unsichtbaren Gnade Gottes. Diese Sakramentalität der Ehe, die erstmals im 12. Jahrhundert vom Kirchenrecht anerkannt wurde, hob die Ehe aus der Sphäre des rein Privaten und Rechtlichen in die der göttlichen Heiligkeit. Indem die Ehe als Sakrament definiert wurde, erhielt sie eine unverrückbare Rolle im christlichen Leben und wurde zu einem integralen Bestandteil des religiösen und sozialen Gefüges.

Das Sakrament der Ehe hatte weitreichende Implikationen für das Verständnis von Ehe und Familie im christlichen Europa. Es bedeutete, dass die Ehe nicht mehr nur ein Vertrag zwischen zwei Menschen oder ihren Familien war, sondern ein heiliger Bund, der durch Gottes Gnade gestiftet und unterstützt wurde. Diese sakramentale Sichtweise betonte die Unauflöslichkeit der Ehe und ihre zentrale Rolle im christlichen Leben. Die Ehe wurde zu einem Ort, an dem die göttliche Gnade im Leben der Gläubigen sichtbar wurde. Die Liebe zwischen Mann und Frau, die in der Ehe zum Ausdruck kam, galt als Spiegel der göttlichen Liebe, die Christus für seine Kirche empfand.

Mit der Sakramentalisierung der Ehe wurde auch die Rolle der Kirche bei der Eheschließung gestärkt. Die christliche Hochzeit wurde zu einem öffentlichen, religiösen Akt, bei dem die Kirche nicht nur als Zeuge, sondern als Vermittlerin der göttlichen Gnade fungierte. Priester segneten die Verbindung, und die Ehe wurde in der Gemeinschaft der Gläubigen verankert. Diese rituelle Dimension der Ehe stärkte die Bindung zwischen Kirche und Familie und betonte die religiöse Bedeutung der ehelichen Verbindung.

Doch die Entwicklung der christlichen Sicht auf die Ehe war nicht frei von Widersprüchen. Während die Ehe als heiliges Sakrament betrachtet wurde, stand sie in einem Spannungsverhältnis zur christlichen Idealisierung des Zölibats. Im frühen Christentum galt das zölibatäre Leben – das Leben in Enthaltsamkeit und Hingabe an Gott – als der höchste Ausdruck des Glaubens. Mönche und Nonnen wurden als jene angesehen, die ein ›vollkommeneres‹ Leben führten, indem sie auf irdische Bindungen verzichteten, um sich ganz Gott zu widmen. Dieses Ideal des Zölibats stellte die Ehe manchmal in den Schatten und führte zu einer Ambivalenz gegenüber der Rolle der Ehe im christlichen Leben.

Trotz dieser Ambivalenz setzte sich die Idee der Ehe als göttlich gestifteter Bund durch. Im Mittelalter wurde die Ehe zunehmend zu einer sozialen Norm und einer zentralen Institution der christlichen Gesellschaft. Sie war das Fundament, auf dem die Familie als kleinste Einheit der Gesellschaft ruhte, und sie bot den Rahmen für die Weitergabe des Glaubens und die Erziehung der Kinder. Die Vorstellung, dass die Ehe unauflöslich sei und nur durch den Tod beendet werden könne, wurde von der Kirche immer weiter gestärkt. Die Scheidung, die in der römischen und heidnischen Welt akzeptiert war, wurde von der Kirche vehement abgelehnt. In dieser neuen christlichen

Ordnung war die Ehe nicht nur eine individuelle Entscheidung, sondern eine Verpflichtung gegenüber Gott, dem Ehepartner und der Gemeinschaft.

Die christliche Sicht auf die Ehe als Sakrament und heiliger Bund hat bis heute tiefgreifende Auswirkungen auf das westliche Eheverständnis. Sie prägte die Vorstellung von der Ehe als einer dauerhaften, unauflöslichen Verbindung, die weit über das persönliche Glück der Eheleute hinausgeht. Die Ehe wurde zu einem Ort, an dem Gottes Liebe und Gnade sichtbar werden, und zu einem zentralen Ausdruck des christlichen Glaubenslebens. Diese Vorstellung beeinflusste nicht nur die kirchliche Lehre, sondern auch die rechtlichen und gesellschaftlichen Strukturen Europas und darüber hinaus.

Die Entwicklung der christlichen Ehetheologie legte somit den Grundstein für das, was wir heute als traditionelle christliche Ehe verstehen: eine heilige und unauflösliche Verbindung, die auf Liebe, gegenseitiger Hingabe und dem Glauben an Gottes Gnade beruht. Sie spiegelt das Ideal der göttlichen Liebe wider, das in der Beziehung zwischen Christus und seiner Kirche zum Ausdruck kommt, und bildet das Fundament für das soziale und religiöse Leben in der christlichen Gemeinschaft.

Die mittelalterliche Ehe

Religion, Rituale und Gesellschaft

Das Mittelalter markiert eine entscheidende Phase in der Entwicklung der Ehe als Institution. Während in der Antike und der frühen christlichen Ära die Ehe primär eine gesellschaftliche und rechtliche Verbindung war, erlangte sie im Mittelalter eine zutiefst religiöse Bedeutung. Die Kirche nahm in dieser Zeit eine zunehmend zentrale Rolle in der Gestaltung und Kontrolle der Ehe ein. Sie prägte nicht nur die Vorstellungen von Liebe und Partnerschaft, sondern etablierte die Ehe als ein heiliges Sakrament, das tief mit dem christlichen Glauben und der Gemeinschaft der Gläubigen verwoben war.

Im Mittelalter war die Ehe weit mehr als eine persönliche Angelegenheit zwischen zwei Menschen. Sie war eine soziale und religiöse Institution, die das Fundament der gesamten Gesellschaft bildete. Durch die Heirat wurden nicht nur zwei Individuen miteinander verbunden, sondern auch Familien, Dynastien und Vermögen. In einer stark hierarchischen und landwirtschaftlich geprägten Gesellschaft war die Ehe oft das Mittel, um politischen Einfluss zu sichern, Erbschaften zu regeln und Allianzen zu schmieden. Diese ökonomische und politische Funktion der Ehe existierte parallel zu ihrer immer stärker betonten sakramentalen Bedeutung, die im Mittelpunkt des kirchlichen Verständnisses der Ehe stand.

Die Sakramentalisierung der Ehe durch die Kirche begann im Hochmittelalter und wurde im 12. Jahrhundert durch das Zweite Laterankonzil (1139) und das Konzil von Trient (1545–1563) formalisiert. Diese Sakramentalisierung der Ehe bedeutete, dass die Kirche die Ehe als einen heiligen Bund ansah, der nicht nur in der irdischen Dimension stattfand, sondern auch göttliche Konsequenzen hatte. Durch das Sakrament der Ehe wurde die Verbindung zwischen Mann und Frau zu einem Abbild der göttlichen Liebe, die Christus für seine Kirche empfindet. Diese theologische Vorstellung prägte das gesamte Verständnis der Ehe im Mittelalter und verlieh ihr eine spirituelle Dimension, die über die rein soziale oder rechtliche Funktion hinausging.

Ein zentraler Aspekt der mittelalterlichen Ehe war das Ritual der Eheschließung, das immer mehr unter die Kontrolle der Kirche fiel. Im Frühmittelalter waren Ehen oft private und familiäre Angelegenheiten, die ohne große formale Rituale geschlossen wurden. Doch mit der wachsenden Bedeutung der Kirche in der Gesellschaft verlangte sie zunehmend, dass die Eheschließung öffentlich und unter ihrer Aufsicht stattfand. Dies führte zur Einführung der kirchlichen Trauung, die nicht nur als offizieller Akt der Eheschließung diente, sondern auch als öffentliches Zeugnis der göttlichen Segnung der Verbindung. Die Kirche übernahm die Rolle des Vermittlers der göttlichen Gnade und segnete die Ehepaare im Rahmen eines feierlichen Rituals, das die Ehe als Sakrament bestätigte.

Die sakramentale Bedeutung der Ehe brachte auch die Vorstellung mit sich, dass die Ehe unauflöslich war. In der christlichen Theologie wurde die Ehe als lebenslanger Bund angesehen, der nicht durch menschlichen Willen gebrochen werden konnte. Dies stand im Gegensatz zu früheren heidnischen und römischen Traditionen, in denen die Scheidung relativ einfach und gesellschaftlich akzeptiert war. Die Kirche lehrte jedoch, dass ›was Gott zusammengefügt hat, der Mensch nicht scheiden‹ dürfe. Dieses Prinzip wurde im Mittelalter streng durchgesetzt. Obwohl es in Ausnahmefällen Möglichkeiten zur Annullierung einer Ehe gab, war die Scheidung an sich verboten. Dies stärkte die Vorstellung der Ehe als einer unauflöslichen Verbindung und als Ausdruck der göttlichen Ordnung.

Neben der Sakramentalität der Ehe spielte die Kirche auch eine entscheidende Rolle bei der Formulierung der ehelichen Pflichten. Diese Pflichten wurden sowohl als spirituelle als auch als moralische Verantwortung verstanden. Die Kirche betonte, dass die Ehepartner in gegenseitiger Liebe und Respekt zueinander leben sollten. Die Ehe war der Ort, an dem die Tugenden des Christentums praktiziert werden sollten: Geduld, Vergebung, Treue und Barmherzigkeit. Zudem galt die Ehe als der einzige legitime Ort für sexuelle Beziehungen, die im Mittelalter als notwendig für die Fortpflanzung, aber gleichzeitig mit Sünde behaftet angesehen wurden. Sexualität wurde als ein natürlicher, aber kontrollierter Teil des Lebens betrachtet, der innerhalb der Ehe stattzufinden hatte. Jede sexuelle Aktivität außerhalb der Ehe wurde als Ehebruch oder Unzucht betrachtet und streng verurteilt.

Die Fortpflanzung stand im Mittelpunkt der mittelalterlichen Ehe. Kinderreichtum galt als Segen Gottes, und die Ehe wurde als der legitime Rahmen für die Erzeugung und Erziehung von Nachkommen angesehen. Dies war besonders wichtig in einer Gesellschaft, die auf Erbschaft und den Fortbestand von Familienlinien angewiesen war. Die Kirche betonte, dass der Zweck der Ehe nicht nur in der gegenseitigen Unterstützung von Mann und Frau lag, sondern vor allem in der Weitergabe des Lebens. Die Nachkommen galten als ein sichtbarer Ausdruck der göttlichen Gnade und als Fortführung der göttlichen Schöpfung. In einer Zeit, in der der Tod allgegenwärtig war und viele Kinder das Erwachsenenalter nicht erreichten, war die Sicherung des Fortbestands der Familie von entscheidender Bedeutung. Die Ehe bot den institutionellen Rahmen, um dieses Ziel zu erreichen.

Das Mittelalter war auch eine Zeit, in der die Ehe zunehmend als gesellschaftliches Mittel der Kontrolle verwendet wurde. Die Kirche hatte nicht nur die spirituelle Kontrolle über die Ehe, sondern auch die soziale und rechtliche. Ehen mussten unter kirchlicher Aufsicht geschlossen werden, und die Einhaltung der kirchlichen Ehevorschriften war von größter Bedeutung. Die Kirche führte Register über Eheschließungen und hatte das Recht, Ehen zu annullieren, wenn sie gegen die kirchlichen Bestimmungen verstießen. Besonders die Frage der ›Ehehindernisse‹ war im Mittelalter von großer Bedeutung. Die Kirche definierte verschiedene Gründe, die eine Ehe ungültig machen konnten, wie etwa Blutsverwandtschaft, das Fehlen des freien Willens oder ein vorbestehendes Keuschheitsgelübde.

Die Einhaltung dieser Vorschriften sicherte der Kirche nicht nur Macht, sondern auch Kontrolle über das soziale Leben der Menschen.

Die mittelalterliche Ehe war somit ein vielschichtiges Konstrukt, das durch die Verschmelzung von religiösen, sozialen und rechtlichen Aspekten geprägt war. Die Sakramentalisierung der Ehe durch die Kirche verlieh ihr eine tiefe spirituelle Bedeutung und machte sie zu einem der wichtigsten Pfeiler der christlichen Gesellschaft. Die Ehe war nicht nur ein persönlicher Bund zwischen zwei Menschen, sondern ein heiliger Akt, der von Gott selbst eingesetzt wurde und unter der Aufsicht der Kirche stand. Sie war das Mittel, durch das die göttliche Ordnung auf Erden aufrechterhalten wurde, und sie bildete die Grundlage für die Weitergabe des Lebens und der christlichen Tugenden an die nächste Generation.

Diese Vorstellung von der Ehe als Sakrament und heiliger Bund prägte das mittelalterliche Leben tiefgreifend und formte die Institution der Ehe in einer Weise, die bis in die Neuzeit hineinwirkte. Sie stärkte die Verbindung zwischen Familie und Kirche, zwischen privatem Leben und göttlichem Gesetz, und legte den Grundstein für das, was später zur normativen Ehe in der westlichen Welt werden sollte.

Reformation und Konfessionalisierung

Veränderungen im Eheverständnis

Die Reformation des 16. Jahrhunderts war eine der tiefgreifendsten religiösen und gesellschaftlichen Umwälzungen der europäischen Geschichte. Sie brachte nicht nur neue theologische Ideen und religiöse Strömungen hervor, sondern veränderte auch das Verständnis der Ehe grundlegend. Vor der Reformation war die Ehe fest in der Sakramentalität der katholischen Kirche verwurzelt, doch die Reformatoren, allen voran Martin Luther, Johannes Calvin und Huldrych Zwingli, stellten diese sakrale Auffassung in Frage. Die Ehe wurde zunehmend aus der Kontrolle der Kirche herausgelöst und unterlag neuen Regelungen, die oft stark von den jeweiligen konfessionellen Ausrichtungen beeinflusst waren.

Martin Luther, die zentrale Figur der Reformation, betrachtete die Ehe nicht mehr als Sakrament, sondern als weltliche Institution. Diese revolutionäre Idee stand im starken Kontrast zur katholischen Lehre, die die Ehe als eines der sieben Sakramente ansah und ihre Unauflöslichkeit und göttliche Weihe betonte. Luther hingegen argumentierte, dass die Ehe eine natürliche und göttlich gewollte Verbindung sei, aber kein Sakrament im eigentlichen Sinne, da sie nicht direkt von Christus eingesetzt worden war. Für Luther stand die Ehe im Bereich der Schöpfungsordnung und war somit Teil des irdischen Lebens. Sie war eine von Gott geschaffene Institution, die das

Zusammenleben von Mann und Frau regelte, aber sie war nicht von göttlicher Gnade durchdrungen, wie es bei den Sakramenten der Taufe oder des Abendmahls der Fall war.

Durch diese theologische Neuausrichtung rückte die Ehe aus der alleinigen Kontrolle der Kirche in den Bereich der weltlichen Obrigkeit. Luther und andere Reformatoren betonten, dass die Ehe in erster Linie eine zivile Angelegenheit sei, die durch weltliche Gesetze geregelt werden müsse. Dies bedeutete einen tiefgreifenden Wandel: Die Ehe wurde nicht mehr als ein unveränderlicher, heiliger Bund betrachtet, der nur von der Kirche geregelt werden konnte, sondern als ein soziales Konstrukt, das durch menschliche Gesetze geformt und geschützt wurde. Diese neue Sichtweise gab den weltlichen Autoritäten, insbesondere den Fürsten und städtischen Räten, die Macht, über Ehefragen zu entscheiden, und entmachtete die Kirche in diesem Bereich erheblich.

Die Reformation brachte nicht nur eine Veränderung im theologischen Verständnis der Ehe, sondern auch neue, konkrete Ehegesetze mit sich. Eines der zentralen Themen war die Frage der Scheidung. Während die katholische Kirche die Unauflöslichkeit der Ehe betonte und Scheidung nahezu unmöglich machte, öffnete die Reformation neue Möglichkeiten, um gescheiterte Ehen zu beenden. Luther und die anderen Reformatoren erkannten an, dass es Situationen geben konnte, in denen eine Ehe nicht mehr aufrechtzuerhalten war. Gründe wie Ehebruch, böswilliges Verlassen des Ehepartners oder unüberwindbare Konflikte wurden als legitime Gründe für eine Scheidung anerkannt. Damit verband sich die Vorstellung, dass die Ehe zwar eine ernsthafte und langfristige Verpflichtung sei, aber nicht unantastbar.

In den neuen protestantischen Territorien, insbesondere in Deutschland und der Schweiz, entstanden Ehegerichte, die über Ehefragen entschieden. Diese Gerichte waren meist weltliche Institutionen, in denen lokale Richter und Beamte über Ehekonflikte urteilten. Sie ersetzten die kirchlichen Gerichte, die in der katholischen Tradition über Jahrhunderte Ehefragen geregelt hatten. Diese Entwicklung führte zu einer größeren Flexibilität im Umgang mit Ehen und Scheidungen und ermöglichte es Paaren, ihre Eheprobleme vor weltliche Gerichte zu bringen, die sich an neuen protestantischen Normen orientierten.

Ein weiteres bedeutendes Thema, das durch die Reformation neu verhandelt wurde, war die Pflicht zur Ehe. In der katholischen Tradition wurde das zölibatäre Leben, also das Leben in Enthaltsamkeit, als der höchste Ausdruck des Glaubens betrachtet. Die Reformation stellte diesen Gedanken auf den Kopf. Luther und andere Reformatoren betonten die Bedeutung der Ehe für das christliche Leben und lehnten das Ideal des Zölibats ab. Für Luther war die Ehe der natürliche Zustand des Menschen und ein Weg, den göttlichen Schöpfungsauftrag zu erfüllen. Die Idee, dass Menschen zur Ehe geschaffen seien, stand im Zentrum seiner Lehre. Auch Geistliche, die in der katholischen Kirche verpflichtet waren, im Zölibat zu leben, wurden nun ermutigt, zu heiraten. Die Heirat von Pastoren und Pfarrern wurde nicht nur erlaubt, sondern als positiv und gottgefällig betrachtet. Dies führte zu einem tiefgreifenden Wandel in der Rolle des Klerus in der Gesellschaft und veränderte die Art und Weise, wie die Ehe in der christlichen Gemeinschaft wahrgenommen wurde.

Auch die Frage der Mitgift und des Erbes wurde durch die Reformation neu geregelt. In der mittelalterlichen katholischen Tradition spielte die Mitgift, die die Braut in die Ehe einbrachte, eine zentrale Rolle, um die wirtschaftliche Grundlage des neuen Haushalts zu sichern. Mit der Reformation und den neuen protestantischen Ehegesetzen wurde jedoch betont, dass die Ehepartner gleichermaßen für den wirtschaftlichen Erfolg der Ehe verantwortlich seien. Dies führte zu einer neuen Auffassung von Ehe und Partnerschaft, bei der die Rolle der Frau in der Ehe stärker betont wurde.

Die Reformation förderte die Idee der gegenseitigen Verantwortung in der Ehe. Während in der katholischen Tradition die Ehe oft als Hierarchie angesehen wurde, in der der Mann als Oberhaupt der Familie fungierte und die Frau eine untergeordnete Rolle spielte, betonten die Reformatoren die gegenseitige Verpflichtung von Mann und Frau. Die Ehepartner sollten in gegenseitiger Liebe, Respekt und Verantwortung füreinander leben. Diese Idee spiegelte sich auch in den neuen protestantischen Hochzeitsritualen wider, bei denen die gegenseitige Verpflichtung und die partnerschaftliche Beziehung im Vordergrund standen. Die Ehe wurde nicht nur als institutioneller Rahmen für die Fortpflanzung betrachtet, sondern als eine

Partnerschaft, in der beide Ehepartner gleichberechtigt an der Führung des Haushalts beteiligt waren.

Mit der Reformation kam es zu einer Konfessionalisierung der Ehe. In den protestantischen Territorien wurden die neuen Ehegesetze und -normen durchgesetzt, während die katholischen Regionen weiterhin an der Unauflöslichkeit der Ehe festhielten und Scheidungen nicht zuließen. Diese konfessionellen Unterschiede prägten das Eheverständnis in Europa tief und führten zu verschiedenen rechtlichen und sozialen Rahmenbedingungen, je nach religiöser Zugehörigkeit. Die Trennung zwischen katholischen und protestantischen Ehepraktiken wurde zu einem zentralen Merkmal der Konfessionalisierung in Europa und beeinflusste die Art und Weise, wie Ehe und Familie in den verschiedenen Regionen verstanden wurden.

Insgesamt führte die Reformation zu einem grundlegenden Wandel im Eheverständnis. Sie löste die Ehe aus der alleinigen Kontrolle der Kirche und stellte sie unter die Aufsicht weltlicher Autoritäten. Dies ermöglichte eine größere Flexibilität im Umgang mit Ehefragen und führte zu neuen Regelungen, die Scheidungen und Neuverheiratungen erleichterten. Gleichzeitig betonte die Reformation die zentrale Rolle der Ehe im christlichen Leben und förderte die Idee der gegenseitigen Verantwortung und Partnerschaft. Dieser Wandel hatte tiefgreifende Auswirkungen auf das soziale und religiöse Leben in Europa und legte den Grundstein für die moderne Auffassung von Ehe und Familie, wie sie heute in den protestantisch geprägten Ländern existiert.

Die Einführung der Zivilehe

Trennung von Kirche und Staat

Die Einführung der Zivilehe in Europa markierte einen entscheidenden Wendepunkt in der Geschichte der Ehe und symbolisierte die endgültige Trennung von Kirche und Staat in Fragen der Heirat. Was über Jahrhunderte hinweg eine von der Kirche dominierte Institution war, die stark von religiösen Riten und Sakramenten geprägt wurde, geriet allmählich unter die Kontrolle der staatlichen Autoritäten. Dieser Übergang bedeutete nicht nur eine Veränderung der rechtlichen Grundlagen der Ehe, sondern auch einen tiefgreifenden Wandel in der Art und Weise, wie Ehe und Familie in der Gesellschaft gesehen wurden. Der Schritt hin zur Zivilehe war Teil eines umfassenderen Trends, der Europa im 19. Jahrhundert erfasste: die zunehmende Säkularisierung und die Übernahme staatlicher Verantwortung in Bereichen, die zuvor ausschließlich dem Einfluss der Kirche unterstanden.

Die Trennung von Kirche und Staat war in den Jahrhunderten zuvor ein zentrales Thema europäischer Politik. Im Zuge der Aufklärung und der Französischen Revolution wuchs die Überzeugung, dass persönliche und gesellschaftliche Angelegenheiten nicht allein durch religiöse Autoritäten geregelt werden sollten. Die Idee der persönlichen Freiheit, die im Herzen der Aufklärung stand, führte zu der Forderung, dass auch die Ehe – eine der intimsten und privatesten menschlichen Bindungen – aus den religiösen Dogmen befreit und in den Bereich des staatlichen Rechts überführt werden sollte.

Der entscheidende Impuls für die Einführung der Zivilehe in Europa ging von der Französischen Revolution aus. Mit der Verabschiedung des *Code Civil* im Jahr 1804, auch bekannt als Code Napoléon, legte Frankreich den Grundstein für ein modernes Verständnis der Ehe als eine staatlich geregelte, rechtliche Institution. Der Code Civil war revolutionär, da er die Ehe vollständig aus der kirchlichen Kontrolle nahm und sie als einen Vertrag zwischen zwei Individuen definierte, der durch den Staat und nicht durch die Kirche geschlossen und überwacht wurde. Dieser Schritt bedeutete nicht nur die staatliche Kontrolle der Eheschließung, sondern ermöglichte es auch, Ehen durch Scheidung zu lösen – ein Konzept, das im katholischen Europa nahezu undenkbar gewesen war.

Im Code Civil wurden klare Regelungen für die Eheschließung und die Auflösung der Ehe festgelegt. Die Ehepartner mussten vor einem staatlichen Beamten ihre Heirat erklären, was die religiöse Trauung in den Hintergrund drängte. Die Zivilehe war nun der einzige rechtlich verbindliche Akt, während die kirchliche Zeremonie lediglich einen spirituellen Wert hatte, aber keine rechtliche Bedeutung mehr besaß. Die Möglichkeit der Scheidung war ein weiterer radikaler Bruch mit der katholischen Tradition, die die Ehe als unauflöslich betrachtete. Die Einführung der Zivilehe machte deutlich, dass der Staat die Verantwortung übernahm, das Leben seiner Bürger in zentralen Bereichen zu regeln, die bis dahin der Kirche vorbehalten waren.

Diese Ideen verbreiteten sich rasch über Europa. Besonders im 19. Jahrhundert, einer Epoche des politischen und sozialen Umbruchs, griffen viele Staaten die Forderung nach der Zivilehe auf. In Deutschland führte das Kaiserreich 1875 die Zivilehe ein. Dieses Gesetz, das unter Reichskanzler Otto von Bismarck im Zuge des sogenannten Kulturkampfs eingeführt wurde, zielte darauf ab, die Macht der katholischen Kirche in Deutschland zu beschneiden und den Einfluss des Staates zu stärken. Der Kulturkampf, ein Konflikt zwischen dem preußisch-deutschen Staat und der katholischen Kirche, war eine direkte Folge der Säkularisierungsbestrebungen, die sich in vielen europäischen Ländern abzeichneten. Die Einführung der Zivilehe bedeutete einen weiteren Schritt in Richtung einer strikten Trennung von Kirche und Staat. Die Eheschließung musste nun vor einem Standesbeamten erfolgen, und nur diese zivile Trauung hatte rechtliche Gültigkeit. Religiöse Hochzeitszeremonien wurden nicht verboten, sie verloren jedoch ihre rechtliche Relevanz.

Die Einführung der Zivilehe hatte weitreichende Folgen für die Gesellschaft. Sie ermöglichte es Paaren unterschiedlicher Religionen oder Weltanschauungen, legal zu heiraten, ohne von den religiösen Institutionen abhängig zu sein. Dies war besonders für konfessionsverschiedene Paare von Bedeutung, die zuvor oft vor erheblichen Hürden standen. Die Zivilehe schuf eine rechtliche Grundlage, die für alle Bürger gleichermaßen galt, unabhängig von ihrem Glauben. Sie war Ausdruck des modernen Rechtsstaats, der darauf abzielte, alle Bürger unter einem einheitlichen Gesetz zu vereinen und persönliche Entscheidungen wie die Eheschließung nicht länger religiösen Autoritäten zu überlassen.

Neben der Frage der Scheidung spielte auch der Eherechtliche Schutz eine zentrale Rolle in den neuen Zivilgesetzen. Die Ehepartner wurden durch staatliche Gesetze geschützt, die ihre Rechte und Pflichten klar definierten. Dies betraf insbesondere das Eigentumsrecht, das Erbrecht und die Unterhaltsverpflichtungen. Durch die Einführung der Zivilehe entstand eine rechtliche Grundlage, die die Ehe auf klare, säkulare Prinzipien stellte und den Eheleuten eine gewisse Sicherheit bot, die in den kirchlichen Eheregelungen oft fehlte. Der Staat übernahm die Verantwortung, Ehen zu registrieren, und führte Ehegesetze ein, die den Schutz von Frauen, Kindern und Eigentum gewährleisten sollten. Dies war insbesondere für Frauen von Bedeutung, die durch die staatlichen Regelungen oft erstmals eigene Rechte innerhalb der Ehe erhielten.

Die Zivilehe markierte jedoch nicht nur einen rechtlichen, sondern auch einen kulturellen und gesellschaftlichen Wandel. Die Entkirchlichung der Ehe symbolisierte den Übergang zu einer moderneren, säkularisierten Gesellschaft, in der persönliche Freiheit und individuelle Entscheidungsmöglichkeiten zunehmend an Bedeutung gewannen. Die Ehe wurde nicht länger als eine rein sakrale, von Gott gewollte Verbindung verstanden, sondern als ein Vertrag, der auf gegenseitiger Zustimmung beruhte und im Einklang mit staatlichen Gesetzen stand. Dies spiegelte den Geist des 19. Jahrhunderts wider, der von der Emanzipation des Individuums und der zunehmenden Rolle des Staates in gesellschaftlichen Angelegenheiten geprägt war.

Gleichzeitig stieß die Einführung der Zivilehe auf erheblichen Widerstand, insbesondere in katholisch geprägten Regionen. Die katholische Kirche betrachtete die Zivilehe als einen Angriff auf die göttliche Institution der Ehe und hielt an ihrem Verständnis der Ehe als Sakrament fest. Papst Pius IX. verurteilte die Zivilehe im Rahmen des Ersten Vatikanischen Konzils 1869/70 als unvereinbar mit dem katholischen Glauben. In den Augen der Kirche blieb die Ehe ein göttlicher Bund, der nicht durch den Staat aufgelöst oder geregelt werden konnte. Diese Spannungen zwischen kirchlicher und staatlicher Auffassung von Ehe prägten den Diskurs über die Zivilehe im gesamten 19. Jahrhundert und darüber hinaus.

In den folgenden Jahrzehnten setzte sich die Zivilehe in den meisten europäischen Ländern durch und wurde zum Standard der Eheschließung. Sie bot die Grundlage für ein modernes, säkulares Rechtsverständnis der Ehe und schuf Raum für eine neue gesellschaftliche Flexibilität, die den Bedürfnissen und Lebensrealitäten einer sich wandelnden Gesellschaft besser gerecht wurde. Der Übergang zur Zivilehe war ein entscheidender Schritt in der Entkirchlichung des öffentlichen Lebens und ein Zeichen für die zunehmende Bedeutung des Staates als Regulator persönlicher und familiärer Angelegenheiten.

Die Einführung der Zivilehe steht somit nicht nur für eine rechtliche Neuordnung, sondern auch für einen kulturellen Wandel. Sie symbolisiert die Trennung von Kirche und Staat und die Entwicklung hin zu einer modernen, pluralistischen Gesellschaft, in der persönliche Freiheit und individuelle Rechte gestärkt wurden. Der Staat übernahm die Rolle, die Ehe zu schützen und zu regeln, und legte damit den Grundstein für das heutige Verständnis der Ehe als eine zivile, rechtlich geregelte Verbindung, die unabhängig von religiösen Überzeugungen Bestand hat.

Die Rolle der Frau in der Ehe

Wandel und Konflikte

Die Rolle der Frau in der Ehe hat sich im Laufe der Jahrtausende tiefgreifend verändert – von einem oft untergeordneten und rechtlosen Status in patriarchalischen Gesellschaften hin zu einem Modell der Gleichberechtigung, das heute in vielen Teilen der Welt als Ideal angestrebt wird. Diese Veränderungen spiegeln nicht nur gesellschaftliche Umbrüche wider, sondern auch das Ringen um individuelle Rechte, wirtschaftliche Unabhängigkeit und die Anerkennung der Frau als gleichberechtigter Partner innerhalb der Ehe. Doch der Weg von der patriarchalen Vormachtstellung des Mannes hin zu einem partnerschaftlichen Verständnis der Ehe war ein langer und konfliktreicher Prozess.

In den frühesten menschlichen Gemeinschaften, besonders in den nomadischen Jäger- und Sammlergruppen, war die Rolle der Frau in der Partnerschaft stark von der biologischen Funktion der Fortpflanzung und Versorgung der Familie geprägt. In einer Zeit, in der das Überleben von der Arbeitsteilung zwischen Männern und Frauen abhing, hatte die Frau eine wichtige Funktion in der Versorgung der Gemeinschaft, indem sie für die Kinder sorgte und zur Ernährung der Gruppe beitrug. Doch schon mit der Sesshaftwerdung und dem Aufstieg der ersten Hochkulturen begann sich die Rolle der Frau innerhalb der Ehe zu verändern.

Mit der Entstehung von landwirtschaftlichen Gesellschaften, in denen Eigentum und Erbe zunehmend an Bedeutung gewannen, wurde die Ehe zu einem Instrument, um den Besitz und den Status einer Familie zu sichern. Die Frau rückte in diesen Gesellschaften mehr und mehr in eine untergeordnete Position, vor allem weil ihre Rolle in der Ehe eng mit der Sicherstellung legitimer Nachkommen verknüpft wurde. In den patriarchalischen Strukturen des antiken Griechenlands und Roms war die Frau rechtlich dem Mann untergeordnet. Sie hatte nur wenige Rechte und wurde oft als Eigentum des Ehemannes betrachtet. Die Hauptaufgabe der Frau bestand darin, Kinder zu gebären, insbesondere männliche Erben, die den Familienbesitz weiterführen konnten. In vielen antiken Kulturen hatte die Frau keinen Einfluss auf wirtschaftliche oder rechtliche Angelegenheiten; ihre Existenz war auf den häuslichen Bereich beschränkt.

Das römische *Patria Potestas*, das dem Familienoberhaupt — meist dem Vater oder Ehemann — nahezu uneingeschränkte Macht über alle Familienmitglieder verlieh, ist ein herausragendes Beispiel für die patriarchalische Natur der antiken Ehe. Frauen wurden oft als ›unvollständige‹ Menschen betrachtet, deren geistige und körperliche Fähigkeiten hinter denen der Männer zurückblieben. Dieses patriarchale Verständnis der Ehe setzte sich über viele Jahrhunderte hinweg in der westlichen Kultur durch und wurde von religiösen Institutionen verstärkt.

Mit dem Aufkommen des Christentums wurde die Rolle der Frau in der Ehe einerseits gestärkt, indem die Ehe als Sakrament heiliggesprochen und die Frau als Partnerin in einem göttlich gestifteten Bund betrachtet wurde. Andererseits wurde die patriarchale Struktur auch theologisch zementiert. Die Lehren der frühen Kirchenväter, wie Augustinus und Thomas von Aquin, betonten die Rolle der Frau als Gehilfin des Mannes, wobei der Mann als das Oberhaupt der Familie fungierte. Der Ehemann war nicht nur rechtlich, sondern auch spirituell für das Wohlergehen seiner Frau und Familie verantwortlich, während die Frau eine Rolle der Unterordnung einnahm. Der Einfluss der biblischen Erzählung von Adam und Eva, in der Eva als ›zweitrangig‹ hinter Adam geschaffen wurde, trug dazu bei, diese patriarchalen Vorstellungen zu festigen.

Während des Mittelalters waren Frauen in der Ehe in erster Linie für den Haushalt und die Kinder verantwortlich, und ihre Rechte waren stark eingeschränkt. Die Kirche setzte das Prinzip der Unauflöslichkeit der Ehe durch, was bedeutete, dass Frauen in unglücklichen oder missbräuchlichen Ehen oft gefangen blieben. Obwohl es Fälle gab, in denen Frauen Macht ausübten, insbesondere in Adelskreisen, war die durchschnittliche Frau weitgehend von ihrem Ehemann abhängig. Sie hatte wenig bis keinen rechtlichen Schutz außerhalb der Ehe, und ihre wirtschaftliche Sicherheit hing meist von ihrem Ehemann oder ihrer Familie ab.

Ein bedeutsamer Wandel begann mit der Reformation im 16. Jahrhundert. Obwohl die Reformation viele patriarchale Strukturen beibehielt, führte die Betonung der Ehe als zivile und nicht mehr sakramentale Institution zu einer gewissen Auflockerung der kirchlichen Kontrolle über die Ehe. Die Reformatoren, wie Martin Luther, setzten sich für die Anerkennung der Frau als geistlich gleichwertig mit dem Mann ein, betonten jedoch weiterhin die traditionelle Arbeitsteilung zwischen den Geschlechtern. In der lutherischen Lehre war die Ehe ein notwendiger Bestandteil der menschlichen Ordnung, die sowohl Mann als auch Frau Verantwortung abverlangte – dennoch blieb der Mann das Oberhaupt der Familie.

Der wirkliche Wandel in der Rolle der Frau innerhalb der Ehe begann jedoch erst mit der Aufklärung und den aufkommenden Frauenrechtsbewegungen im 18. und 19. Jahrhundert. Diese Bewegungen forderten das Ende der rechtlichen und sozialen Unterordnung der Frau. Besonders das Konzept der Ehe als ›ewiger Vertrag‹, der durch patriarchale Kontrolle geprägt war, wurde zunehmend in Frage gestellt. Mit der Französischen Revolution und der Einführung des *Code Napoléon* kam es zu einigen Fortschritten im rechtlichen Status der Frau. Zwar bestätigte der Code Napoléon die Vormachtstellung des Mannes als Oberhaupt des Haushalts, aber er garantierte Frauen gewisse Rechte, etwa in Bezug auf Eigentum und Scheidung. Diese Änderungen brachten die Idee einer Ehe hervor, die zunehmend als Partnerschaft auf Augenhöhe betrachtet wurde, obwohl die volle rechtliche Gleichstellung noch in weiter Ferne lag.

Der entscheidende Wandel hin zur Gleichberechtigung der Frau in der Ehe erfolgte im 20. Jahrhundert, insbesondere nach den beiden Weltkriegen. Die Teilnahme der Frauen an der Arbeitswelt während der Kriegsjahre führte zu einem Bewusstseinswandel in Bezug auf ihre Rolle innerhalb der Gesellschaft und der Ehe. Mit der Einführung des Wahlrechts für Frauen und der steigenden Anerkennung ihrer Rechte begann auch die Institution der Ehe sich zu verändern. In vielen westlichen Ländern wurden Gesetze verabschiedet, die Frauen das Recht gaben, Eigentum zu besitzen, Verträge abzuschließen und sich scheiden zu lassen, ohne den sozialen Stigmata ausgesetzt zu sein, die in früheren Zeiten üblich waren. Diese rechtlichen Fortschritte, zusammen mit der aufkommenden Frauenbewegung in den 1960er und 1970er Jahren, ebneten den Weg für eine Ehe, die nicht mehr auf Unterordnung basierte, sondern auf Partnerschaft.

Die Einführung von Gesetzen, die häusliche Gewalt kriminalisierten und den Schutz von Frauen innerhalb der Ehe stärkten, war ein weiteres wichtiges Element im Wandel der Rolle der Frau. Die Ehe war nicht länger ein Raum, in dem die Frau dem Mann untergeordnet und schutzlos ausgeliefert war. Frauen gewannen zunehmend wirtschaftliche Unabhängigkeit, und diese Entwicklung führte zu einer Neuverhandlung der Rollen innerhalb der Ehe. Die sexuelle Revolution der 1960er Jahre und die Einführung von Verhütungsmitteln trugen ebenfalls dazu bei, dass Frauen mehr Kontrolle über ihre eigenen Körper und ihr Familienleben erlangten.

Heute ist die Gleichberechtigung von Mann und Frau in der Ehe in vielen Teilen der Welt gesetzlich verankert, und das patriarchale Modell, das die Ehe über Jahrhunderte hinweg dominiert hatte, ist weitgehend abgelehnt worden. Doch trotz dieser Fortschritte bleiben Konflikte bestehen. In vielen Kulturen und Gesellschaften gibt es nach wie vor tiefe Spannungen zwischen traditionellen Rollenbildern und modernen Vorstellungen von Gleichberechtigung. Die Ehe bleibt ein Ort, an dem die alten patriarchalischen Strukturen immer wieder auf neue Formen der Partnerschaft und Gleichstellung treffen.

Die Entwicklung der Rolle der Frau in der Ehe ist daher nicht nur eine Geschichte von Wandel und Fortschritt, sondern auch von Konflikten und Kämpfen, die bis in die Gegenwart hineinreichen. Die Reise von der Unterordnung zur Gleichberechtigung ist noch nicht abgeschlossen, doch die Ehe hat sich von einem patriarchalen Konstrukt hin zu einer potenziell gleichberechtigten Partnerschaft entwickelt, die auf gegenseitigem Respekt, Liebe und Verantwortung basiert.

Die Ehe im 19. Jahrhundert

Von Romantik bis Rationalität

Das 19. Jahrhundert war eine Zeit tiefgreifender gesellschaftlicher, wirtschaftlicher und kultureller Umwälzungen, und die Ehe stand im Mittelpunkt vieler dieser Veränderungen. Es war ein Jahrhundert, in dem das Ideal der romantischen Liebe populärer wurde, während gleichzeitig ökonomische und gesellschaftliche Erwartungen eine Rolle spielten, die oft mit diesem Ideal kollidierten. Die Ehe, die lange Zeit in erster Linie als wirtschaftliche und soziale Institution verstanden wurde, geriet in ein Spannungsfeld zwischen den neuen emotionalen Ansprüchen der Romantik und den pragmatischen Anforderungen des Alltags.

Mit dem Aufstieg der Romantik zu Beginn des 19. Jahrhunderts gewann die Vorstellung von der Ehe als Ausdruck tiefer, persönlicher Liebe zunehmend an Bedeutung. Dichter, Schriftsteller und Philosophen der Romantik priesen die Ehe als heilige Vereinigung von Seelen, die durch Liebe und gegenseitiges Verlangen gestiftet wurde. Autoren wie Johann Wolfgang von Goethe und die Brontë-Schwestern verfassten Werke, die die Kraft der Liebe und die Bedeutung der individuellen emotionalen Erfüllung betonten. In der Literatur und Kunst dieser Epoche wurde die Liebe als eine natürliche, nahezu göttliche Kraft dargestellt, die die Grundlage für die Verbindung zwischen

Mann und Frau bildete. Die romantische Liebe, so glaubte man, sollte der Grundstein für jede Ehe sein.

Dieses Ideal der romantischen Ehe spiegelte jedoch nicht immer die gesellschaftliche Realität wider. Obwohl die Idee der Liebe als Grundlage der Ehe in den Herzen vieler Menschen zu einem Ideal wurde, blieb die Ehe im 19. Jahrhundert für die meisten Paare eine institutionelle Notwendigkeit, die von wirtschaftlichen und sozialen Zwängen geprägt war. Für viele Frauen und Männer war die Ehe weniger eine Frage der Liebe als vielmehr eine Frage der ökonomischen Sicherheit und des sozialen Status. Besonders in der Mittelschicht, die in dieser Zeit zu einer dominanten gesellschaftlichen Kraft wurde, war die Ehe ein Instrument, um wirtschaftliche Stabilität und sozialen Aufstieg zu sichern. Die Wahl des Ehepartners hing oft von praktischen Überlegungen ab: die Sicherung des Erbes, die Zusammenführung von Familienvermögen und die Sicherstellung eines sozialen Netzwerks waren zentrale Faktoren, die den Heiratsprozess bestimmten.

Frauen standen in dieser Zeit vor einem besonderen Dilemma. Während sie durch die romantische Idealisierung der Ehe ermutigt wurden, auf Liebe und emotionale Erfüllung zu hoffen, blieb ihre soziale und rechtliche Position in der Ehe stark eingeschränkt. Das 19. Jahrhundert war geprägt von klaren geschlechtsspezifischen Rollen, die die Frau in erster Linie als Ehefrau und Mutter definierten. Ihre Rechte innerhalb der Ehe waren begrenzt, insbesondere im Hinblick auf Eigentum und rechtliche Selbstständigkeit. Der sogenannte ›Coverture‹-

Grundsatz des englischen Common Law, der auch in vielen anderen westlichen Ländern galt, besagte, dass eine Frau durch die Eheschließung rechtlich vom Ehemann ›bedeckt‹ wurde, was bedeutete, dass sie keinen eigenen rechtlichen Status hatte. Das Eigentum einer Frau ging in das ihres Ehemannes über, und ihre Rolle bestand darin, das häusliche Leben zu führen, Kinder zu erziehen und den Haushalt zu versorgen.

Diese ökonomische Abhängigkeit der Frau von ihrem Ehemann verstärkte die Spannung zwischen romantischen Idealen und der Realität des Ehelebens. Frauen wurden oft in Ehen gedrängt, die ihnen soziale Sicherheit boten, aber wenig Raum für persönliche Erfüllung oder Selbstbestimmung ließen. Viele Frauen fanden sich in Ehen wieder, die durch wirtschaftlichen Pragmatismus statt durch emotionale Verbindung geprägt waren. Die viktorianische Gesellschaft, besonders im Vereinigten Königreich, betonte die Wichtigkeit der moralischen und tugendhaften Ehefrau, die ihren Ehemann unterstützte und die häusliche Sphäre regierte, während der Mann für den wirtschaftlichen Unterhalt der Familie verantwortlich war.

Die wachsende Kluft zwischen romantischem Ideal und ökonomischer Realität führte auch zu einer Veränderung der Rolle der Ehe im öffentlichen Diskurs. Während Romane und Gedichte die Sehnsucht nach Liebe und emotionaler Erfüllung in der Ehe idealisierten, behandelten soziale Reformbewegungen die Ehe zunehmend als eine rechtliche und ökonomische Institution, die reformiert werden musste. Im Laufe des 19. Jahrhunderts begannen Frauenrechtsbewegungen, die Ungerechtigkeiten innerhalb der Ehe zu kritisieren und forderten Reformen, die Frauen mehr Rechte und Unabhängigkeit innerhalb der Ehe verschaffen sollten. Die Forderung nach dem Recht auf Scheidung, die in vielen Ländern nur unter sehr restriktiven Bedingungen möglich war, wurde zu einem zentralen Thema dieser Reformen. Frauenrechtlerinnen wie Elizabeth Cady Stanton und Harriet Taylor Mill argumentierten, dass die Ehe nur dann ein Ort der Liebe und Partnerschaft sein könne, wenn Frauen darin rechtlich und wirtschaftlich gleichberechtigt würden.

Auch die aufkommende Industrialisierung hatte tiefgreifende Auswirkungen auf die Ehe. Mit dem Übergang von einer agrarisch geprägten zu einer industriellen Wirtschaft veränderten sich die wirtschaftlichen Strukturen, in denen Ehen geschlossen und geführt wurden. In städtischen Mittelschichtfamilien, die von der Industrialisierung profitierten, entwickelte sich das Modell der ›bürgerlichen Ehe‹, bei der der Mann als Ernährer und die Frau als Hausfrau und Mutter fungierte. Dieses Modell war jedoch nicht universell, da viele Arbeiterfamilien auf das Einkommen der Frau angewiesen waren. In der Arbeiterklasse mussten Frauen häufig in Fabriken arbeiten, um die Familie zu unterstützen, während sie gleichzeitig ihre häuslichen Pflichten erfüllten. Dies verstärkte die Diskrepanz zwischen dem Ideal der romantischen Ehe, das in der Mittelschicht propagiert wurde, und der Realität vieler Familien, die mit den wirtschaftlichen Zwängen der Industrialisierung konfrontiert waren.

Gleichzeitig mit diesen Entwicklungen entstanden auch neue, rationalere Vorstellungen von Ehe. Vor dem Hintergrund der Aufklärung und des zunehmenden Einflusses der Wissenschaft gewann die Ehe als ›vernünftige Verbindung‹ an Bedeutung. Dieses Konzept betonte die Ehe als einen Bund, der auf gegenseitigem Respekt, Zusammenarbeit und rationaler Übereinkunft basierte, anstatt allein von emotionaler Liebe getragen zu sein. Philosophen wie John Stuart Mill vertraten die Auffassung, dass eine erfolgreiche Ehe auf Gleichheit, Respekt und einer rationalen Zusammenarbeit zwischen Mann und Frau beruhen müsse. Mill und seine Frau Harriet Taylor Mill argumentierten, dass die Ehe nicht nur als romantische Erfüllung, sondern auch als partnerschaftliche Verbindung betrachtet werden müsse, in der beide Partner gleiche Rechte und Pflichten teilten.

Dieser Übergang zu einer rationaleren Auffassung der Ehe bedeutete nicht das Ende der Romantik, sondern eine Erweiterung des Eheverständnisses. Für viele Menschen des 19. Jahrhunderts blieb die romantische Liebe ein wichtiges Ideal, aber sie wurde zunehmend durch pragmatische Überlegungen ergänzt. Ehen mussten nicht nur auf Liebe beruhen, sondern auch den wirtschaftlichen und gesellschaftlichen Anforderungen der Zeit gerecht werden. Die Ehe wurde zu einer Institution, die sowohl die romantischen Ideale des Individuums als auch die ökonomischen Notwendigkeiten der Familie und der Gesellschaft in Einklang bringen musste.

Das 19. Jahrhundert war daher eine Epoche des Wandels und der Spannung in Bezug auf die Ehe. Während romantische Vorstellungen von Liebe und emotionaler Erfüllung an Popularität gewannen, kollidierten sie oft mit den realen gesellschaftlichen und ökonomischen Erwartungen, die die Ehe nach wie vor bestimmten. Frauen fanden sich zwischen der Sehnsucht nach romantischer Liebe und der Realität eingeschränkter Rechte und wirtschaftlicher Abhängigkeit wieder. Männer, besonders in der Mittelschicht, sahen sich mit dem Druck konfrontiert, die Familie zu versorgen, während sie gleichzeitig den wachsenden Erwartungen an emotionale Intimität und Romantik gerecht werden mussten.

Diese Spannungen setzten sich bis ins 20. Jahrhundert fort, als Reformen und soziale Veränderungen das Eheverständnis weiter veränderten. Doch das 19. Jahrhundert bleibt eine Schlüsselphase, in der die Grundlagen für die modernen Vorstellungen von Ehe und Partnerschaft gelegt wurden – Vorstellungen, die romantische Liebe und rationale Partnerschaft zu vereinen versuchen.

Rechtliche Entwicklungen

Die Ehe als gesetzliche Institution im 20. Jahrhundert

Das 20. Jahrhundert markiert eine Phase tiefgreifender rechtlicher Reformen, die die Institution der Ehe grundlegend veränderten. Während die Ehe bis ins 19. Jahrhundert hinein stark von religiösen und traditionellen Normen geprägt war, wurde sie im 20. Jahrhundert zunehmend durch staatliche Gesetze geregelt und an die sich wandelnden gesellschaftlichen Realitäten angepasst. Diese Reformen waren das Ergebnis von sozialen Bewegungen, politischen Umbrüchen und der wachsenden Anerkennung individueller Rechte, insbesondere der Rechte von Frauen. Die Ehe wurde dadurch von einer historisch patriarchalischen Institution zu einem Modell umgestaltet, das auf Gleichberechtigung, individueller Freiheit und staatlicher Kontrolle beruhte.

Zu Beginn des 20. Jahrhunderts war die Ehe in den meisten westlichen Ländern noch stark von traditionellen Geschlechterrollen und rechtlichen Ungleichheiten geprägt. In vielen Rechtssystemen wurde die Frau nach wie vor als ökonomisch und rechtlich von ihrem Ehemann abhängig betrachtet. Das Prinzip des Coverture, das besagte, dass eine Frau nach der Eheschließung ihre rechtliche Identität verlor und vollständig unter die Autorität ihres Mannes fiel, war in den westlichen Gesellschaften immer noch in unterschiedlicher Form präsent. Frauen hatten oft keinen Zugang zu eigenem Eigentum, und

ihr rechtlicher Status war eng mit dem ihres Ehemannes verknüpft. Doch das 20. Jahrhundert brachte eine Fülle von Reformen, die die rechtliche Stellung von Frauen in der Ehe sowie die Ehe selbst revolutionierten.

Eine der wichtigsten Entwicklungen im frühen 20. Jahrhundert war die Einführung von Gleichberechtigungsgesetzen, die
darauf abzielten, Frauen in der Ehe rechtlich gleichzustellen. In
vielen Ländern Europas und Nordamerikas wurden Gesetze
verabschiedet, die Frauen das Recht gaben, eigenes Eigentum
zu besitzen, Verträge abzuschließen und eigenständig zu han-
deln – unabhängig von ihrem Ehemann. Diese Reformen wurden maßgeblich von der Frauenrechtsbewegung getragen, die
in den frühen 1900er Jahren immer stärker wurde. Die Einführung des Wahlrechts für Frauen in vielen Ländern trug ebenfalls dazu bei, den rechtlichen Status der Frau zu stärken und
ihre Position innerhalb der Ehe zu verändern. In Großbritanni-
en führte der Married Women's Property Act von 1882 bereits
den ersten bedeutenden Schritt in diese Richtung ein, aber im
20. Jahrhundert wurde die Gleichstellung von Männern und
Frauen in der Ehe in vielen Ländern weiter ausgeweitet.

Ein weiterer zentraler Punkt in der rechtlichen Entwicklung
der Ehe im 20. Jahrhundert war die zunehmende Anerkennung
der individuellen Freiheit und des Rechts auf Scheidung. In den
meisten westlichen Ländern war die Scheidung bis weit ins 19.
Jahrhundert hinein extrem schwierig und mit sozialen Stigmata
behaftet. Ehepaare waren oft gezwungen, selbst in unglücklichen oder missbräuchlichen Beziehungen zu verharren, da die

Scheidung nur unter sehr engen Bedingungen, etwa bei Ehebruch, erlaubt war. Doch im 20. Jahrhundert setzte sich allmählich die Auffassung durch, dass die Ehe nicht unauflöslich sein sollte, wenn sie das persönliche Wohlbefinden der Ehepartner gefährdete.

In vielen Ländern wurden Gesetze eingeführt, die den Zugang zur Scheidung erleichterten. Besonders bedeutend war die Einführung der einvernehmlichen Scheidung, die nicht mehr den Nachweis eines Ehebruchs oder schwerwiegenden Fehlverhaltens verlangte, sondern auf der Grundlage der ›unüberbrückbaren Differenzen‹ beruhte. Ein wegweisendes Beispiel hierfür war die Verabschiedung des Divorce Reform Act in Großbritannien im Jahr 1969, der den Weg für eine weit verbreitete Legalisierung der Scheidung auf Grundlage des ›Zerbrechens der Ehe‹ ebnete. Ähnliche Reformen folgten in den USA und anderen westlichen Ländern. Diese Gesetze trugen entscheidend dazu bei, dass die Ehe zunehmend als freiwillige Partnerschaft verstanden wurde, die auf gegenseitigem Einverständnis beruhte und nicht mehr als lebenslange Verpflichtung angesehen wurde, unabhängig von den Umständen.

Mit der Legalisierung der Scheidung kam auch eine zunehmende staatliche Regulierung der finanziellen und elterlichen Verpflichtungen nach einer Scheidung. In den meisten Ländern wurden Gesetze verabschiedet, die den Unterhalt und die Sorgepflichten für Kinder regeln sollten. Diese Reformen zielten darauf ab, Frauen und Kindern, die nach einer Scheidung oft in prekäre wirtschaftliche Verhältnisse gerieten, einen besseren rechtlichen Schutz zu bieten. Insbesondere in Fällen, in denen Frauen wirtschaftlich von ihren Ehemännern abhängig waren, wurde durch Unterhaltsregelungen sichergestellt, dass sie nach einer Scheidung nicht mittellos dastanden. Die Einführung von Kindesunterhalt und Regelungen zum gemeinsamen Sorgerecht trug dazu bei, die Verantwortung für die Kinderbetreuung nach einer Scheidung gleichmäßiger zwischen den Eltern zu verteilen.

Die zweite Hälfte des 20. Jahrhunderts brachte darüber hinaus wichtige Reformen im Bereich der Gleichstellung der Geschlechter innerhalb der Ehe. In vielen westlichen Ländern wurden Gesetze verabschiedet, die sicherstellten, dass Ehemänner und Ehefrauen gleiche Rechte und Pflichten in Bezug auf Eigentum, Erbe und elterliche Verantwortung hatten. Insbesondere in der zweiten Welle der Frauenbewegung in den 1960er und 1970er Jahren wurde die Forderung nach einer gleichberechtigten Partnerschaft in der Ehe immer lauter. Diese Bewegung führte zu einer Reihe von Reformen, die die rechtliche und wirtschaftliche Unabhängigkeit von Frauen innerhalb der Ehe weiter stärkten.

Besonders hervorzuheben ist die wachsende Anerkennung der Eigenständigkeit von Frauen in Bezug auf ihre Sexualität und Fortpflanzung. Ein Meilenstein war die Legalisierung von Verhütungsmitteln und die Entkriminalisierung des Schwangerschaftsabbruchs in vielen westlichen Ländern. Diese Reformen veränderten die Dynamik innerhalb der Ehe grundlegend, da Frauen nun mehr Kontrolle über ihre eigenen Körper und ihre Fortpflanzungsentscheidungen erhielten. Die Einführung der Pille in den 1960er Jahren war ein revolutionärer Schritt, der es Frauen ermöglichte, ihre Familienplanung eigenständig zu steuern, ohne auf die Zustimmung ihres Ehemanns angewiesen zu sein. Dies förderte ein neues Verständnis von sexueller und reproduktiver Autonomie, das die Ehe als gleichberechtigte Partnerschaft zwischen Mann und Frau weiter veränderte.

Ein weiteres wichtiges Thema im 20. Jahrhundert war die Anerkennung der gleichgeschlechtlichen Ehe. Während die Ehe traditionell als Verbindung zwischen Mann und Frau verstanden wurde, begannen Aktivisten in den späten 20. Jahrhundert die rechtliche Anerkennung gleichgeschlechtlicher Paare zu fordern. Der Kampf für die Ehegleichheit war ein zentraler Bestandteil der LGBT-Rechtsbewegungen, die sich gegen die Diskriminierung homosexueller Menschen stellten. Die ersten bedeutenden Erfolge erzielte die Bewegung in den Niederlanden, die im Jahr 2001 als erstes Land der Welt die Ehe für gleichgeschlechtliche Paare öffneten. In den folgenden Jahren folgten viele weitere Länder, darunter Kanada, Spanien, Frankreich, die USA und Deutschland. Diese Entwicklung markierte eine wichtige Erweiterung des rechtlichen Ehebegriffs und stellte die universelle Bedeutung von Liebe, Partnerschaft und rechtlicher Gleichstellung in den Vordergrund.

Das 20. Jahrhundert war somit ein Jahrhundert beispielloser Reformen in Bezug auf die Ehe als gesetzliche Institution. Diese Entwicklungen spiegelten nicht nur den gesellschaftlichen Wandel wider, sondern veränderten auch die rechtliche und moralische Grundlage der Ehe. Die Ehe wurde zu einer flexibleren, individualisierten und zunehmend egalitären Institution, die sich an die Bedürfnisse und Rechte der Ehepartner anpasste. Diese Reformen legten den Grundstein für das heutige Verständnis der Ehe als eine freiwillige, rechtlich geregelte Verbindung zwischen gleichberechtigten Partnern, unabhängig von Geschlecht, sozialem Status oder sexueller Orientierung.

Die sexuelle Revolution und die Ehe

Aufbruch zu neuen Beziehungsmodellen

Die 1960er-Jahre markierten eine Zeit des tiefgreifenden Wandels in den westlichen Gesellschaften, der nahezu alle Aspekte des Lebens berührte – und die Ehe stand dabei im Zentrum einer kulturellen Umwälzung. Die sogenannte sexuelle Revolution brachte nicht nur eine neue Offenheit im Umgang mit Sexualität, sondern stellte auch die traditionelle Institution der Ehe in Frage. Diese Revolution ging weit über das Aufbrechen von Tabus hinaus: Sie führte zu einem neuen Verständnis von Individualität, persönlicher Freiheit und Partnerschaft, das die Rolle der Ehe in der Gesellschaft nachhaltig veränderte. Alternative Beziehungsformen, freie Liebe und neue Familienmodelle entstanden und forderten das herkömmliche Eheverständnis heraus.

Bis in die Mitte des 20. Jahrhunderts hinein war die Ehe in den westlichen Gesellschaften eine feste Institution, die auf klaren Regeln und Erwartungen basierte. Sie war eng verknüpft mit der Vorstellung von Monogamie, der Fortpflanzung und der Erfüllung geschlechtsspezifischer Rollen. Männer galten als die Ernährer und Frauen als die Hüterinnen des Haushalts, deren Rolle in der Ehe vor allem auf Kindererziehung und häuslicher Fürsorge lag. Sexualität innerhalb der Ehe wurde vorwiegend als Mittel zur Fortpflanzung betrachtet, und gesellschaftliche Normen drängten Menschen, ihre sexuellen Bedürfnisse ausschließlich innerhalb dieses institutionellen Rahmens auszuleben.

Mit den 1960er-Jahren begann jedoch ein radikaler Umbruch. Die sexuelle Revolution war Teil eines größeren gesellschaftlichen Aufbruchs, der durch die Bürgerrechtsbewegungen, den Feminismus und den Widerstand gegen autoritäre Strukturen angetrieben wurde. Die Jugend dieser Zeit lehnte die rigiden, oft als repressiv empfundenen Werte der Nachkriegsgesellschaft ab und suchte nach neuen Wegen, das Leben zu gestalten. In der Folge entwickelte sich eine Bewegung, die sich bewusst gegen die traditionellen moralischen Normen wandte, insbesondere in Bezug auf Sexualität und Partnerschaft.

Ein zentraler Katalysator der sexuellen Revolution war die Einführung der Pille im Jahr 1960. Zum ersten Mal in der Geschichte hatten Frauen die Kontrolle über ihre Fortpflanzung und konnten ihre Sexualität von der Notwendigkeit der Kindererzeugung trennen. Dies veränderte die Dynamik innerhalb von Beziehungen grundlegend. Frauen gewannen mehr Unabhängigkeit und Selbstbestimmung über ihren Körper und ihre sexuellen Entscheidungen, was es ihnen ermöglichte, ihre Partnerschaften freier und mit weniger gesellschaftlichem Druck zu gestalten. Die Pille symbolisierte den Beginn einer neuen Ära, in der Sexualität zunehmend als Ausdruck persönlicher Freiheit betrachtet wurde, unabhängig von den bisherigen gesellschaftlichen und religiösen Vorstellungen, die den Zweck der Sexualität ausschließlich in der Ehe verorteten.

Die freie Liebe wurde zu einem zentralen Schlagwort der 1960er-Jahre. Unter dem Einfluss der Hippie-Bewegung und der Gegenkultur begannen viele Menschen, monogame und exklusive Beziehungsmodelle infrage zu stellen. Freie Liebe bedeutete, dass Sexualität und Liebe nicht mehr an die Institution der Ehe gebunden sein sollten, sondern als Ausdruck individueller Freiheit und Selbstbestimmung verstanden wurden. Beziehungen sollten auf emotionaler und sexueller Freiheit basieren, anstatt durch gesellschaftliche Erwartungen oder traditionelle Verpflichtungen eingeschränkt zu werden. In diesem Kontext wurden viele Experimente mit neuen Beziehungsmodellen unternommen, darunter offene Ehen, *polyamore* Beziehungen und sexuelle Gemeinschaften.

Gleichzeitig entstand die Feministische Bewegung, die das traditionelle Geschlechterverhältnis in der Ehe scharf kritisierte. Feministinnen forderten eine radikale Veränderung der Ehe, da sie diese als eine patriarchale Institution betrachteten, die Frauen unterdrückte und ihre Freiheit einschränkte. Sie argumentierten, dass die Ehe Frauen in eine wirtschaftliche und rechtliche Abhängigkeit vom Mann zwang und ihre individuelle Entfaltung blockierte. Besonders die zweite Welle des Feminismus, angeführt von Frauen wie Betty Friedan und Simone de Beauvoir, forderte die Überwindung traditioneller Rollenbilder und setzte sich für die Gleichstellung der Geschlechter in der Ehe ein. Die Forderung nach sexueller Autonomie und der Zugang zu Verhütungsmitteln waren zentrale Anliegen dieser Bewegung, da sie Frauen die Kontrolle über ihre eigenen Lebensentwürfe ermöglichen sollten.

Die sexuelle Revolution hatte auch erhebliche Auswirkungen auf die rechtliche und gesellschaftliche Struktur der Ehe. In vielen Ländern wurden Gesetze eingeführt, die die Scheidung erleichterten und die Ehe zunehmend als eine freiwillige, auf Einvernehmen beruhende Partnerschaft definierten. Die Vorstellung, dass die Ehe ein lebenslanges, unauflösliches Bündnis sein müsse, wurde durch die wachsende Akzeptanz der Scheidung abgelöst. In den USA und Europa setzte sich das Konzept der einvernehmlichen Scheidung durch, das es Paaren ermöglichte, ihre Ehe ohne Schuldzuweisung und langwierige gerichtliche Auseinandersetzungen zu beenden. Diese Reformen führten zu einem Anstieg der Scheidungsraten, der von vielen als Zeichen einer Krise der traditionellen Ehe gedeutet wurde. Doch in Wirklichkeit spiegelte dieser Wandel einen grundlegenden kulturellen und rechtlichen Paradigmenwechsel wider: Die Ehe wurde zunehmend als eine freiwillige, flexible Partnerschaft angesehen, die auf Liebe und persönlichem Wohl basierte, und weniger als eine soziale oder ökonomische Notwendigkeit.

Neben der Ehe als traditionelle Institution gewannen auch alternative Beziehungsmodelle an Bedeutung. Die sexuelle Revolution öffnete den Raum für Partnerschaften, die nicht auf formellen Ehebündnissen beruhten. Kohabitation, das Zusammenleben ohne Trauschein, wurde in vielen Ländern gesellschaftlich akzeptiert und rechtlich anerkannt. Paare, die sich gegen die Ehe entschieden, forderten neue rechtliche Regelungen, die ihre Partnerschaften schützten und ihnen dieselben

Rechte wie verheirateten Paaren zusicherten. Diese Entwicklung spiegelte das wachsende Bedürfnis wider, Partnerschaften individueller zu gestalten und sich von den starren Regeln der traditionellen Ehe zu lösen.

Auch die Homosexuellenbewegung gewann in den 1960er- und 1970er-Jahren an Dynamik und stellte die Ehe als heteronormative Institution infrage. Die Forderung nach der rechtlichen und gesellschaftlichen Anerkennung gleichgeschlechtlicher Beziehungen und Partnerschaften wurde zu einem zentralen Anliegen der LGBT-Bewegung. In dieser Zeit begannen Aktivistinnen und Aktivisten, für die Entkriminalisierung von Homosexualität und die Gleichstellung gleichgeschlechtlicher Paare zu kämpfen. Diese Forderungen legten den Grundstein für spätere Entwicklungen, die schließlich zur Einführung der Ehe für alle in vielen Ländern führten.

Trotz dieser tiefgreifenden Veränderungen und der zunehmenden Akzeptanz alternativer Partnerschaftsformen blieb die Ehe auch im Zeitalter der sexuellen Revolution eine zentrale Institution. Viele Paare hielten weiterhin an der Ehe fest, doch die Erwartungen an die Ehe änderten sich. Die Vorstellung, dass die Ehe in erster Linie der wirtschaftlichen Sicherheit oder der sozialen Stabilität diente, trat zunehmend in den Hintergrund. An ihre Stelle trat das Ideal einer Ehe, die auf gegenseitiger Liebe, emotionaler Erfüllung und persönlichem Wachstum basierte. Die Ehe wurde flexibler, und die Rolle von Frauen und Männern in der Partnerschaft veränderte sich, was eine zunehmend gleichberechtigte Verteilung der Verantwortung und der Aufgaben innerhalb der Ehe ermöglichte.

Die sexuelle Revolution der 1960er-Jahre war also nicht nur eine Bewegung, die sich mit Sexualität und Freiheit befasste, sondern sie führte zu einem tiefgreifenden Wandel in der Art und Weise, wie Partnerschaften und die Ehe in der Gesellschaft verstanden wurden. Die traditionelle Ehe als unhinterfragte Norm wurde aufgebrochen, und neue, flexiblere Beziehungsmodelle traten an ihre Seite. Diese Veränderungen hatten tiefgreifende Auswirkungen auf die Art und Weise, wie Menschen heute über Ehe und Partnerschaft denken. Die sexuelle Revolution schuf Raum für individuelle Freiheit, Gleichberechtigung und Vielfalt in der Gestaltung von Beziehungen – Werte, die die Ehe und andere Partnerschaftsmodelle bis in die Gegenwart hinein prägen.

Scheidung

Das Ende des ewigen Bundes

Die Vorstellung der Ehe als ein lebenslanges und unauflösliches Bündnis war über viele Jahrhunderte fest in der gesellschaftlichen und religiösen Ordnung verankert. Scheidung, das formale Ende einer Ehe, war lange Zeit verpönt und in vielen Kulturen und Religionen fast unmöglich. Die katholische Kirche betrachtete die Ehe als Sakrament, das von Gott gestiftet und somit unauflöslich war. Auch in anderen religiösen Traditionen war die Scheidung selten und stark reglementiert. Doch mit den rechtlichen und sozialen Umwälzungen des 19. und 20. Jahrhunderts gewann die Idee an Boden, dass die Ehe nicht immer für die Ewigkeit gedacht sein musste. Im Laufe des 20. Jahrhunderts entwickelte sich die rechtliche und gesellschaftliche Akzeptanz der Scheidung zunehmend, und sie wurde zu einer wichtigen Facette des modernen Eheverständnisses.

Schon im antiken Rom war die Scheidung möglich, allerdings war sie oft von politischen und wirtschaftlichen Überlegungen bestimmt. Auch im frühen Mittelalter gab es begrenzte Möglichkeiten, eine Ehe aufzulösen, vor allem in Fällen von Untreue, Unfruchtbarkeit oder schwerwiegendem Fehlverhalten. Doch die christliche Theologie, besonders die der katholischen Kirche, hielt strikt an der Unauflöslichkeit der Ehe fest. Die Reformation brachte in einigen protestantischen Territorien eine Lockerung dieser strengen Regelungen, doch die Scheidung blieb lange Zeit die Ausnahme und war mit erheblichem sozialem Stigma verbunden.

Erst im 19. Jahrhundert begann die Möglichkeit einer Scheidung sich in den westlichen Gesellschaften allmählich durchzusetzen. In vielen Ländern Europas und Nordamerikas wurden erste Gesetze verabschiedet, die es Ehepartnern unter bestimmten Umständen ermöglichten, ihre Ehe zu beenden. Allerdings war die Scheidung in diesen frühen Phasen oft stark reglementiert und an enge Bedingungen geknüpft. In vielen Ländern konnte eine Ehe nur aufgelöst werden, wenn der Nachweis von Ehebruch oder schwerem Fehlverhalten eines Partners erbracht wurde. Besonders Frauen hatten oft Schwierigkeiten, das Recht auf Scheidung durchzusetzen, da die Gesetze meist zugunsten des Mannes ausgelegt waren.

Die große Wende in der Akzeptanz und den rechtlichen Rahmenbedingungen der Scheidung kam im 20. Jahrhundert. Eine der zentralen Entwicklungen in dieser Zeit war die zunehmende Säkularisierung der Gesellschaften. Mit der Trennung von Kirche und Staat und dem wachsenden Einfluss des staatlichen Rechts auf private Angelegenheiten wie die Ehe, verlor die religiöse Vorstellung von der Unauflöslichkeit der Ehe zunehmend an Bedeutung. Die Ehe wurde mehr und mehr als privater Vertrag zwischen zwei Menschen betrachtet, der bei Unvereinbarkeiten auch wieder aufgelöst werden konnte. Diese Veränderung war eng mit der Emanzipation der Frau und dem wachsenden Bewusstsein für individuelle Freiheit und Selbstbestimmung verbunden.

Ein Schlüsselmoment in der Entwicklung der Scheidung war die Einführung der einvernehmlichen Scheidung in vielen westlichen Ländern ab den 1960er-Jahren. In Ländern wie den USA, Großbritannien und Deutschland wurde die Scheidung auf Grundlage ›unüberbrückbarer Differenzen‹ ermöglicht. Diese Gesetze machten es Ehepaaren einfacher, ihre Ehe zu beenden, ohne den oft erniedrigenden Prozess des Nachweises von Ehebruch oder Fehlverhalten durchlaufen zu müssen. Die einvernehmliche Scheidung spiegelte das wachsende Verständnis wider, dass Ehen nicht auf Zwang oder Verurteilung basieren sollten, sondern auf gegenseitigem Einverständnis und dem Wohlbefinden beider Partner.

Mit der rechtlichen Liberalisierung der Scheidung nahm auch ihre gesellschaftliche Akzeptanz zu. Während Scheidungen noch zu Beginn des 20. Jahrhunderts mit Scham und Stigma behaftet waren, wurden sie im Laufe der Zeit immer mehr als Teil des normalen Lebens betrachtet. Dies war besonders in der zweiten Hälfte des 20. Jahrhunderts zu beobachten, als Scheidungen in vielen Ländern deutlich zunahmen. Gesellschaftliche Veränderungen wie die sexuelle Revolution, die Frauenrechtsbewegung und der Wandel in den Geschlechterrollen spielten eine zentrale Rolle in diesem Prozess. Frauen, die zuvor oft in unglücklichen oder missbräuchlichen Ehen festsaßen, erhielten durch die zunehmende Akzeptanz der Scheidung die Möglichkeit, aus diesen Beziehungen auszubrechen und ein selbstbestimmtes Leben zu führen.

Die steigenden Scheidungsraten führten zu einem tiefgreifenden Wandel im Verständnis der Ehe. Während die Ehe über Jahrhunderte hinweg als eine Art ›gesellschaftlicher Vertrag‹ betrachtet wurde, der vor allem der ökonomischen Absicherung und der Fortpflanzung diente, trat im 20. Jahrhundert zunehmend die Vorstellung von der Ehe als Ausdruck individueller emotionaler Erfüllung in den Vordergrund. Ehen wurden weniger aus sozialem Zwang oder ökonomischen Gründen geschlossen, sondern weil die Partner eine persönliche und emotionale Verbindung suchten. Diese Verschiebung des Eheverständnisses führte jedoch auch dazu, dass die Ehe instabiler wurde. Sobald die emotionale Erfüllung in Frage stand, wurde die Scheidung zu einer akzeptablen Option, um das persönliche Glück zu suchen.

Die rechtliche und gesellschaftliche Akzeptanz der Scheidung hatte weitreichende Auswirkungen auf das Familienleben und das soziale Gefüge. Besonders Kinder waren oft die Leidtragenden von Scheidungen, da die Auflösung der Ehe meist auch zur Auflösung der familiären Einheit führte. Die Zunahme von Alleinerziehenden-Haushalten und Patchwork-Familien wurde zu einem prägenden Phänomen des 20. Jahrhunderts. Viele Länder reagierten auf diese Entwicklung, indem sie Gesetze zur Regelung des Sorgerechts und des Unterhalts einführten, um die Folgen der Scheidung für die Kinder abzumildern.

Die steigende Scheidungsrate führte auch zu einer Neuverhandlung der Geschlechterrollen. Besonders in der Frauenrechtsbewegung wurde die Scheidung als ein Mittel der Emanzipation gefeiert, das Frauen ermöglichte, aus patriarchalischen Strukturen auszubrechen und ein selbstbestimmtes Leben zu führen. Die Rolle der Frau innerhalb der Ehe veränderte sich grundlegend: Frauen, die früher in erster Linie als Ehefrauen und Mütter definiert wurden, konnten nun stärker ihre eigenen Lebensentwürfe verfolgen, unabhängig von ihrem Ehemann. Die Scheidung ermöglichte es ihnen, eine berufliche Karriere anzustreben, finanziell unabhängig zu sein und ihre eigenen Entscheidungen über ihre Zukunft zu treffen.

Gleichzeitig hatte die steigende Zahl von Scheidungen auch Auswirkungen auf das gesellschaftliche Bild der Ehe. Viele sahen die Ehe als Institution in einer Krise, und es wurde über die ›Zerbrechlichkeit‹ der modernen Ehe diskutiert. Die traditionelle Vorstellung, dass die Ehe eine lebenslange Verpflichtung darstelle, wurde zunehmend hinterfragt. Die Scheidung, einst das Ende eines ehelichen Lebensentwurfs, wurde mehr und mehr als eine Möglichkeit zur Neugestaltung des Lebens angesehen – ein Wendepunkt, der es den Menschen ermöglichte, ihre Beziehungen und ihr persönliches Glück neu zu definieren.

Im Laufe des 20. Jahrhunderts entwickelte sich auch das Bewusstsein für die Notwendigkeit rechtlicher Rahmenbedingungen, die den emotionalen und wirtschaftlichen Auswirkungen der Scheidung gerecht wurden. Mediation und Familiengerichtsbarkeit gewannen an Bedeutung, um faire Lösungen zu finden, die beide Partner und insbesondere die Kinder schützten. Die Verhandlungen über Vermögensaufteilung, Unterhaltszahlungen und Sorgerechte wurden zentraler Bestandteil der Scheidungsprozesse, da man sich zunehmend der Komplexität und der weitreichenden Folgen von Scheidungen bewusst wurde.

Mit der wachsenden Akzeptanz der Scheidung entstand eine vielfältigere Landschaft der Partnerschaftsmodelle. Viele Paare entschieden sich dafür, nicht zu heiraten und stattdessen in Lebensgemeinschaften ohne rechtliche Bindung zusammenzuleben. Diese Entwicklung spiegelte die Tendenz wider, die Ehe als eine von vielen möglichen Beziehungsformen zu betrachten, anstatt als den einzigen legitimen Rahmen für das Zusammenleben. Gleichzeitig führte die gesellschaftliche Normalisierung der Scheidung zu einer neuen Flexibilität im Umgang mit der Ehe: Sie wurde zunehmend als ein dynamischer und veränderbarer Prozess verstanden, der nicht zwangsläufig ein lebenslanges Bündnis darstellen musste.

Insgesamt führte die zunehmende rechtliche und gesellschaftliche Akzeptanz der Scheidung dazu, dass die Ehe im 20. Jahrhundert nicht mehr als ewiger Bund betrachtet wurde, sondern als eine Partnerschaft, die auf emotionaler und persönlicher Übereinkunft basierte. Diese Entwicklung spiegelte die tiefgreifenden Veränderungen wider, die die gesellschaftlichen Vorstellungen von Individualität, Freiheit und Gleichberechtigung prägten. Die Scheidung, einst als Tabu angesehen, wurde zu einem akzeptierten Mittel, um persönliche Erfüllung und Neuanfang zu ermöglichen – ein Phänomen, das die moderne Ehe bis heute entscheidend prägt.

Die Ehe im 21. Jahrhundert

Gleichgeschlechtliche Ehe und neue Familienmodelle

Die Ehe hat im 21. Jahrhundert eine Transformation durchlaufen, die weit über die herkömmlichen Vorstellungen von einer verbindlichen Partnerschaft zwischen Mann und Frau hinausgeht. Moderne Entwicklungen, insbesondere die Legalisierung der gleichgeschlechtlichen Ehe und die Akzeptanz neuer Familienmodelle, haben das traditionelle Eheverständnis grundlegend verändert. Diese Entwicklungen spiegeln den tiefgreifenden gesellschaftlichen Wandel wider, der von einer wachsenden Anerkennung individueller Rechte, einer zunehmenden Diversität in Beziehungsformen und einer Infragestellung traditioneller Geschlechterrollen geprägt ist.

Einer der bedeutendsten Fortschritte in Bezug auf das Eheverständnis im 21. Jahrhundert war die Legalisierung der gleichgeschlechtlichen Ehe. Über Jahrhunderte hinweg war die Ehe ausschließlich heterosexuellen Paaren vorbehalten, doch diese Norm begann in den späten 20. und frühen 21. Jahrhundert zu bröckeln. Gleichgeschlechtliche Paare forderten zunehmend die rechtliche und gesellschaftliche Anerkennung ihrer Beziehungen und die Möglichkeit, dieselben Rechte und Pflichten wie heterosexuelle Paare zu genießen. Die Einführung der gleichgeschlechtlichen Ehe in zahlreichen Ländern war der Höhepunkt jahrzehntelanger Kämpfe von LGBT-

Aktivistinnen und Aktivisten, die die Diskriminierung homosexueller Beziehungen anprangerten.

Die Niederlande waren 2001 das erste Land der Welt, das die Ehe für gleichgeschlechtliche Paare öffnete und damit einen globalen Wandel einleitete. Viele Länder folgten diesem Beispiel, darunter Kanada, Spanien, Südafrika, Frankreich, Deutschland und die USA. Die Legalisierung der gleichgeschlechtlichen Ehe stellte eine bedeutende Erweiterung des Ehebegriffs dar, der nun nicht mehr auf die Verbindung zwischen Mann und Frau beschränkt war. Diese Entwicklung führte zu einer grundsätzlichen Neudefinition der Ehe, die sich zunehmend von biologischen Geschlechtern und traditionellen Rollenmodellen löste.

Die gleichgeschlechtliche Ehe wurde nicht nur als Anerkennung der Rechte homosexueller Paare betrachtet, sondern auch als ein Bekenntnis zur Gleichheit und Vielfalt in der Gesellschaft. Die Ehe, die lange als Fundament für die traditionelle Familie diente, wurde durch diese Erweiterung zu einer Institution, die alle Menschen – unabhängig von ihrer sexuellen Orientierung – in den Mittelpunkt stellte. Diese Neudefinition der Ehe verdeutlichte den zunehmenden Einfluss von Individualrechten auf gesellschaftliche Normen und eröffnete neue Diskussionen über die Bedeutung von Familie, Partnerschaft und elterlicher Verantwortung.

Parallel zur Legalisierung der gleichgeschlechtlichen Ehe haben sich auch neue Familienmodelle entwickelt, die das herkömmliche Verständnis von Ehe und Familie weiter ausdehnen. Im 21. Jahrhundert sind Familienstrukturen vielfältiger geworden, und die klassische ›Kernfamilie‹ aus Vater, Mutter und Kindern ist nur noch eine von vielen möglichen Lebensformen. Diese Veränderung spiegelt den gesellschaftlichen Wandel wider, der von einer zunehmenden Akzeptanz von Patchwork-Familien, Alleinerziehenden-Haushalten und gemeinschaftlichen Elternschaften geprägt ist.

Ein Beispiel für ein neues Familienmodell ist die Patchwork-Familie, in der Kinder aus früheren Beziehungen in eine neue Partnerschaft integriert werden. Diese Form der Familie entsteht häufig nach einer Scheidung, wenn einer oder beide Partner neue Beziehungen eingehen. In der Patchwork-Familie übernehmen Stiefeltern oft elterliche Aufgaben, was zu einer Neudefinition der elterlichen Rolle führt. Dieses Modell hebt die Vorstellung auf, dass biologisches Elternsein die einzig legitime Form der Elternschaft ist, und fördert stattdessen die Idee, dass familiäre Bindungen auf Zuneigung, Fürsorge und Verantwortung beruhen, unabhängig von genetischen Verbindungen.

Eine weitere wichtige Entwicklung ist die zunehmende Akzeptanz von Alleinerziehenden und gemeinschaftlichen Elternschaften, bei denen zwei oder mehr Menschen sich bewusst entscheiden, gemeinsam Kinder großzuziehen, ohne in einer romantischen Beziehung zueinander zu stehen. Diese Modelle, wie etwa *Co-Parenting*, bieten Alternativen zur traditionellen Ehe, in denen die elterliche Verantwortung gleichmäßig zwischen den Beteiligten aufgeteilt wird. Diese Entwicklungen betonen, dass Familie nicht zwingend auf der romantischen Liebe zwischen zwei Partnern beruhen muss, sondern auch auf gemeinsamer Verantwortung und der Bereitschaft, Kinder zu betreuen und zu fördern.

Die rechtlichen und sozialen Rahmenbedingungen haben sich im 21. Jahrhundert so weit entwickelt, dass diese alternativen Familienmodelle zunehmend Anerkennung und rechtlichen Schutz erfahren. In vielen Ländern gibt es mittlerweile Gesetze, die es ermöglichen, dass Kinder mehrere rechtliche Eltern haben können – etwa leibliche Eltern, Stiefeltern und Co-Eltern. Diese Gesetze spiegeln das wachsende Bewusstsein wider, dass Familie nicht mehr ausschließlich aus einer klassischen heteronormativen Konstellation bestehen muss, sondern auf den individuellen Bedürfnissen und Entscheidungen der Beteiligten beruhen kann.

Neben der Erweiterung des Ehebegriffs und der Diversifizierung von Familienstrukturen haben sich auch die Geschlechterrollen innerhalb der Ehe weiter verändert. Während die Ehe über Jahrhunderte hinweg stark von geschlechtsspezifischen Rollenmustern geprägt war, hat sich im 21. Jahrhundert ein zunehmender Wandel hin zur Gleichberechtigung und Partnerschaftlichkeit vollzogen. Die traditionellen Rollen von Mann als Ernährer und Frau als Hausfrau und Mutter wurden weitgehend aufgelöst, und stattdessen tritt eine zunehmend gleichberechtigte Aufteilung von Verantwortung und Pflichten in den Vordergrund. Diese Veränderung wurde maßgeblich durch die

Emanzipationsbewegungen des 20. Jahrhunderts sowie durch die wachsende Beteiligung von Frauen am Arbeitsmarkt und die Einführung von Elternzeitregelungen für Männer vorangetrieben.

Die Flexibilisierung der Geschlechterrollen innerhalb der Ehe führt dazu, dass Partnerschaften heute oft individuell ausgehandelt werden, wobei beide Partner ihre Karriere, ihre Rolle in der Familie und ihre persönlichen Wünsche in Einklang bringen. Diese Entwicklung hat die Ehe dynamischer und anpassungsfähiger gemacht, da sie auf die unterschiedlichen Bedürfnisse und Lebensentwürfe der Ehepartner reagieren kann. Gleichzeitig hat diese Flexibilität jedoch auch neue Herausforderungen geschaffen, insbesondere in Bezug auf die Vereinbarkeit von Beruf und Familie, die nach wie vor eine zentrale Frage in modernen Ehen ist.

Auch der Umgang mit Elternschaft und Kindererziehung hat sich im 21. Jahrhundert verändert. Während Kinder früher oft als zentrale Aufgabe und Ziel der Ehe betrachtet wurden, gibt es heute eine wachsende Zahl von Paaren, die sich bewusst gegen Kinder entscheiden. Diese Entwicklung reflektiert eine zunehmende Individualisierung von Lebensentwürfen, bei der persönliche Erfüllung und berufliche Karriere oft im Vordergrund stehen. Die Vorstellung, dass Kinder notwendigerweise zur Ehe gehören, hat sich somit abgeschwächt, und die Ehe wird zunehmend als eigenständige Partnerschaft betrachtet, die nicht zwingend auf Familiengründung ausgerichtet ist.

Die Kombination dieser Entwicklungen – die Legalisierung der gleichgeschlechtlichen Ehe, die Diversifizierung von Familienmodellen, die Veränderung der Geschlechterrollen und die individuelle Gestaltung der Ehe – hat das traditionelle Eheverständnis nachhaltig verändert. Die Ehe ist heute nicht mehr eine starre Institution, die nach festen Regeln funktioniert, sondern eine flexible und anpassungsfähige Partnerschaft, die auf den individuellen Bedürfnissen der Beteiligten basiert. Diese Entwicklungen stehen im Einklang mit einer zunehmend pluralistischen und vielfältigen Gesellschaft, in der das Konzept von Partnerschaft und Familie auf neuen Grundlagen basiert und sich nicht mehr ausschließlich auf traditionelle Modelle stützt.

Die Ehe im 21. Jahrhundert ist somit eine dynamische Institution, die sich weiterentwickelt, um den vielfältigen Formen menschlicher Beziehungen gerecht zu werden. Die gleichgeschlechtliche Ehe und die Akzeptanz neuer Familienmodelle haben gezeigt, dass Partnerschaft und Familie nicht mehr auf einer einzigen, universalen Vorstellung beruhen, sondern in vielerlei Formen existieren können. Dies hat zu einer breiteren gesellschaftlichen Anerkennung geführt, dass die Ehe nicht nur auf Tradition und Biologie beruhen muss, sondern auf Liebe, Verantwortung und der Freiheit, das eigene Leben nach den eigenen Vorstellungen zu gestalten. Diese Entwicklungen haben das Fundament für ein modernes Eheverständnis gelegt, das Diversität und Gleichberechtigung in den Mittelpunkt stellt.

Die Zukunft der Ehe

Bleibt sie bestehen oder wird sie überflüssig?

Die Ehe, eine der ältesten Institutionen der Menschheitsgeschichte, hat über Jahrtausende hinweg unzählige gesellschaftliche, kulturelle und rechtliche Veränderungen überlebt. Doch in einer Welt, die sich in rasantem Tempo verändert, stellen sich immer mehr Menschen die Frage: Bleibt die Ehe als Institution auch in Zukunft bestehen, oder wird sie im Zuge des gesellschaftlichen Wandels zunehmend überflüssig? Diese Frage berührt tiefere Überlegungen über den Sinn und Zweck der Ehe in modernen Gesellschaften, die immer vielfältigere Beziehungs- und Familienmodelle hervorbringen und dabei die traditionellen Vorstellungen von Partnerschaft und Familie aufbrechen.

Seit jeher erfüllte die Ehe verschiedene Funktionen: Sie diente zur Sicherung von Eigentum, zur Regelung der Erbfolge und als soziales Bindeglied, das Gemeinschaften und Familien miteinander verband. Im Laufe der Zeit entwickelte sie sich von einer primär wirtschaftlichen und gesellschaftlichen Vereinbarung hin zu einer romantisierten Idee der Liebe und Partnerschaft. Doch während die Ehe einst eine zentrale Rolle im Leben der meisten Menschen spielte, steht sie heute vor einer Phase des Umbruchs, die ihre Zukunft als feste gesellschaftliche Institution in Frage stellt.

Ein zentrales Argument, das in Debatten über die Zukunft der Ehe häufig genannt wird, ist die zunehmende Individualisierung in modernen Gesellschaften. Während frühere Generationen stark in traditionellen, oft religiös geprägten Werten verwurzelt waren, lebt die heutige Generation in einer Welt, die stärker auf persönliche Freiheit und Selbstbestimmung setzt. Individuen haben heute mehr Möglichkeiten als je zuvor, ihr Leben nach ihren eigenen Vorstellungen zu gestalten, ohne den gesellschaftlichen Druck, in eine bestimmte Norm zu passen. Die Ehe, die einst als unvermeidlicher Schritt im Lebenslauf galt, ist für viele Menschen nur noch eine Option unter vielen, wenn es darum geht, Beziehungen zu definieren.

Immer mehr Menschen entscheiden sich bewusst gegen die Ehe oder verschieben diesen Schritt auf unbestimmte Zeit. Besonders in westlichen Gesellschaften zeigt sich ein deutlicher Trend zur Kohabitation ohne Trauschein. Viele Paare leben zusammen, gründen Familien und teilen ihr Leben, ohne formell zu heiraten. Diese Entwicklung spiegelt ein wachsendes Bedürfnis wider, Beziehungen auf persönlicher Freiheit und emotionaler Bindung aufzubauen, anstatt sie an formale, rechtliche Strukturen zu knüpfen. Für viele Menschen ist die Ehe nicht mehr der ›logische‹ oder ›notwendige‹ Schritt in einer Beziehung, sondern eine Möglichkeit, die bewusst und kritisch abgewogen wird.

Ein weiterer wichtiger Faktor, der die Zukunft der Ehe beeinflusst, ist die Flexibilisierung von Beziehungsmodellen. Im 21. Jahrhundert sehen wir eine zunehmende Akzeptanz von alternativen Formen der Partnerschaft, die jenseits der traditionellen Ehe existieren. Patchwork-Familien, polyamore Beziehungen, Co-Parenting und gleichgeschlechtliche Partnerschaften sind Beispiele für Beziehungsmodelle, die sich in den letzten Jahrzehnten als legitime Alternativen zur klassischen Ehe etabliert haben. Diese Vielfalt an Modellen zeigt, dass Partnerschaft und Familie nicht mehr zwangsläufig an die Institution der Ehe gebunden sind, sondern auf den individuellen Bedürfnissen und Werten der Beteiligten beruhen können.

Trotz dieser Tendenzen bleibt die Ehe für viele Menschen jedoch weiterhin eine attraktive Option, insbesondere weil sie mit rechtlichen und wirtschaftlichen Vorteilen verbunden ist. Die Ehe bietet nach wie vor rechtliche Sicherheit in Bereichen wie Erbrecht, Krankenversicherung und steuerlichen Vergünstigungen. Gerade in Krisenzeiten, etwa im Krankheitsfall oder bei der Auflösung der Partnerschaft, kann der rechtliche Rahmen der Ehe den Beteiligten Unterstützung bieten. Die Frage stellt sich also, ob die rechtliche Absicherung, die die Ehe bietet, in Zukunft durch andere Formen der Partnerschaft ersetzt werden kann oder ob die Ehe gerade wegen dieser Vorteile auch weiterhin Bestand haben wird.

Ein entscheidender Punkt in der Diskussion über die Zukunft der Ehe ist auch die Frage nach der Veränderung der Geschlechterrollen. Mit der zunehmenden Emanzipation der Frau und dem Wandel traditioneller Geschlechterbilder ist die Ehe als patriarchalische Institution, in der der Mann die zentrale Rolle spielt, weitgehend überholt. Viele moderne Ehen basieren auf Gleichberechtigung und gegenseitiger Unterstützung, und die traditionelle Rollenverteilung, bei der der Mann der Hauptverdiener und die Frau für Haushalt und Kinder zuständig ist, ist längst nicht mehr die Norm. Dieser Wandel hat die Ehe für viele Paare flexibler und partnerschaftlicher gemacht, könnte aber auch dazu führen, dass die Ehe als festes Modell für das Zusammenleben an Bedeutung verliert, da sich die Bedürfnisse und Erwartungen der Menschen immer weiter individualisieren.

Eine weitere bedeutende Veränderung, die die Ehe in Zukunft beeinflussen könnte, ist die Technologisierung der Gesellschaft. In einer zunehmend digitalisierten Welt, in der soziale Medien, Dating-Apps und virtuelle Beziehungen immer größere Bedeutung erlangen, könnte auch das Konzept der Ehe neuen Herausforderungen gegenüberstehen. Die Art und Weise, wie Menschen Beziehungen eingehen und pflegen, hat sich bereits stark verändert, und es ist denkbar, dass technologische Entwicklungen die Ehe als Institution weiter transformieren oder sogar ersetzen könnten. Denkbar sind Szenarien, in denen virtuelle oder ›digitale Ehen‹ entstehen, bei denen Partnerschaften durch technologische Innovationen neu definiert werden.

Trotz all dieser Veränderungen und Herausforderungen gibt es jedoch auch Argumente dafür, dass die Ehe auch in Zukunft Bestand haben wird. Die Ehe bietet nicht nur rechtliche Sicherheit und soziale Anerkennung, sondern auch eine tiefe emotionale und symbolische Bedeutung. Für viele Menschen bleibt die Ehe ein wichtiges Ritual, das Liebe und Verbindlichkeit ausdrückt und den Wunsch nach einer langfristigen, stabilen Partnerschaft symbolisiert. In einer Welt, die immer schneller und unbeständiger wird, suchen viele Menschen nach Ankern der Stabilität, und die Ehe bietet für viele einen solchen Anker.

Zudem hat die Institution der Ehe eine bemerkenswerte Wandlungsfähigkeit bewiesen. Über die Jahrtausende hinweg hat sie sich immer wieder den gesellschaftlichen und kulturellen Gegebenheiten angepasst und dabei ihre zentrale Bedeutung in der menschlichen Gemeinschaft bewahrt. Ob als wirtschaftliches Bündnis in der Antike, als sakramentale Verbindung im Mittelalter oder als Ausdruck romantischer Liebe in der Moderne – die Ehe hat sich immer wieder neu definiert und ist dabei trotz aller Herausforderungen und Krisen bestehen geblieben.

Eine mögliche Zukunft der Ehe könnte darin bestehen, dass sie sich weiter diversifiziert und noch flexibler wird. So könnte sich die Ehe in Richtung eines individuell gestaltbaren Vertrages entwickeln, bei dem die Partner ihre eigenen Bedingungen und Regeln für ihre Beziehung festlegen. In einer solchen Zukunft wäre die Ehe nicht mehr ein festes Modell, das für alle gleich ist, sondern eine personalisierte Vereinbarung, die den jeweiligen Bedürfnissen und Wünschen der Partner entspricht.

Fazit:

Zusammenfassend lässt sich sagen, dass die Ehe im 21. Jahrhundert sowohl vor großen Herausforderungen als auch vor neuen Möglichkeiten steht. Die zunehmende Vielfalt an Beziehungsmodellen, die Individualisierung der Gesellschaft und der Wandel der Geschlechterrollen stellen das traditionelle Eheverständnis in Frage, eröffnen aber gleichzeitig neue Wege, die Ehe flexibler und offener zu gestalten. Ob die Ehe letztlich bestehen bleibt oder ob sie von neuen Modellen abgelöst wird, hängt von den gesellschaftlichen Entwicklungen und den individuellen Bedürfnissen der Menschen ab. Doch angesichts ihrer Fähigkeit, sich immer wieder anzupassen und neu zu erfinden, ist es durchaus denkbar, dass die Ehe auch in Zukunft ein wichtiger Bestandteil des menschlichen Zusammenlebens bleibt – wenn auch in veränderter Form.

Über den Autor

Lutz Spilker wurde im Jahre 1955 in Duisburg geboren.

Bevor er zum Schreiben von Romanen und Dokumentationen fand, verließen bisher unzählige Kurzgeschichten, Kolumnen und Versdichtungen seine Feder.

In seinen Büchern befasst er sich vorrangig mit dem menschlichen Bewusstsein und der damit verbundenen Wahrnehmung. Seine Grenzen sind nicht die, welche mit der Endlichkeit des Denkens, des Handelns und des Lebens begrenzt werden, sondern jene, die der empirischen Denkform noch nicht unterliegen.

Es sind die Möglichkeiten des Machbaren, die Dinge, welche sich allein in der Vorstellung eines jeden Menschen darstellen und aufgrund der Flüchtigkeit des Geistes unbewiesen bleiben. Die Erkenntnis besitzt ihre Gültigkeit lediglich bis zur Erlangung einer neuen und die passiert zu jeder weiteren Sekunde.

Die Welt von Lutz Spilker beginnt dort, wo zu Beginn allen Seins nichts Fassbares war, als leerer Raum. Kein Vorne, kein Hinten, kein Oben und kein Unten. Kein Glaube, kein Wissen, keine Moral, keine Gesetze und keine Grenzen. Nichts.

In Lutz Spilkers Romanen passieren heimtückische Morde ebenso wie die Zauber eines Märchens. Seine Bücher sind oftmals Thriller, Krimi, Abenteuer, Science Fiction, Fantasy und selbst Love-Story in einem.

»Ich liebe die Sprache: Sie vermag zu streicheln, zu liebkosen und zu Tränen zu rühren. Doch sie kann ebenso stachelig sein, wie der Dorn einer Rose und mit nur einem Hieb zerschmettern.«

In dieser Reihe sind bisher erschienen

Die Erfindung der Langeweile
Die Erfindung des Menschen
Die Erfindung des Geldes
Die Erfindung des Teufels
Die Erfindung des Erfolgs
Die Erfindung der Sterblichkeit
Die Erfindung der Lüge
Die Erfindung der Freiheit
Die Erfindung des Todes
Die Erfindung der Welt
Die Erfindung des Inselmenschen
Die Erfindung der Zeit
Die Erfindung der Seele
Die Erfindung der Politik
Die Erfindung des Gewissens
Die Erfindung der Religion
Die Erfindung der Schuld
Die Erfindung der Gerechtigkeit
Die Erfindung des Friedens
Die Erfindung des Selbstgesprächs
Die Erfindung der Zukunft
Die Erfindung der Pornographie
Die Erfindung der Verschwendung
Die Erfindung des Erwachsenseins
Die Erfindung der Hölle
Die Erfindung der Überbevölkerung
Die Erfindung des Himmels
Die Erfindung der Monarchie
Die Erfindung der Unterhaltung
Die Erfindung der Sprache
Die Erfindung der Musik
Die Erfindung der Wiedergeburt

Die Erfindung des Zufalls
Die Erfindung der Namen
Die Erfindung des Bewusstseins
Die Erfindung des freien Willens
Die Erfindung des Wahrsagens
Die Erfindung der Körpersprache
Die Erfindung des Schlafs
Die Erfindung der Sklaverei
Die Erfindung der Angst
Die Erfindung der reinen Vernunft
Die Erfindung des Vollmonds
Die Erfindung des Vitamin B
Die Erfindung des Make-Up
Die Erfindung des Weihnachtsfestes
Die Erfindung des Ku-Klux-Klan
Die Erfindung des Träumens
Die Erfindung der Flaschenpost
Die Erfindung der Mafia
Die Erfindung der Freimaurer
Die Erfindung der Freibeuter
Die Erfindung der Raumfahrt
Die Erfindung der Tempelritter
Die Erfindung des ADHS-Syndroms
Die Erfindung der Homöopathie
Die Erfindung der Freizeitparks
Die Erfindung des Jenseits
Die Erfindung der Bibel
Die Erfindung der Medien
Die Erfindung der Pyramiden
Die Erfindung des Astralkörpers
Die Erfindung des Werwolfs
Die Erfindung der Schwüre und Eide
Die Erfindung der Hexen
Die Erfindung der Weltreisen
Die Erfindung des Zölibats
Die Erfindung des Herkules
Die Erfindung der Sintflut

Die Erfindung des westlichen Weltbildes
Die Erfindung des Vampirs
Die Erfindung der Philosophie
Die Erfindung des Bieres
Die Erfindung des Ungeheuers von Loch Ness
Die Erfindung der Prä-Astronautik
Die Erfindung des Voodoo
Die Erfindung des Stierkampfs
Die Erfindung des Sinns des Lebens
Die Erfindung des Einhorns
Die Erfindung der Zeugen Jehovas
Die Erfindung von Atlantis
Die Erfindung der Geister
Die Erfindung des Gähnens
Die Erfindung der politischen Parteien
Die Erfindung der Bundeslade
Die Erfindung der Atombombe
Die Erfindung der Lernlandschaft
Die Erfindung des Multitasking
Die Erfindung des Besserwissers
Die Erfindung des Humors
Die Erfindung von All you can eat
Die Erfindung von Facebook
Die Erfindung von YouTube
Die Erfindung von TikTok
Die Erfindung des Jack the Ripper
Die Erfindung des Films
Die Erfindung der Gartenzwerge
Die Erfindung des Infernos von Rom
Die Erfindung der Ehe

Zeitfracht Medien GmbH
Ferdinand-Jühlke-Straße 7
99095 Erfurt, Deutschland
produktsicherheit@kolibri360.de